JN246916

「名物機長」の“夢実現フライト”人生

“打たれた杭”
を支えた「訓え」とは

元ANA機長
山形和行
Kazuyuki Yamagata

まえがき

伝説のアナウンスから究極のアナウンスへ‼

「皆さまおはようございます。機長の山形です。本日も世界一のココロの翼、ＡＮＡ全日空便にご搭乗頂き誠にありがとうございます。お客様の早めのご搭乗と地上の優秀なスタッフの努力によりまして、当機は完璧な準備を整えております。
本日早朝、東の空を燃ゆるが如くのくれないに染めて、真紅（しんく）の太陽がイエローダイヤモンドのように昇って輝いておりましたので、少し上昇致しますと、皆さまの心の目で観て頂ければ幸いですが、『旅立ちに　薄紅色（うすべにいろ）の　蝶が舞う』関西の街並みがお見送り致します」

「その後真っ青な空が広がり、純白のウエディングドレスの様な雲の絨毯を敷き詰めて、皆さまを歓迎致します。できるだけ揺れないように致しますが、突然天使のいたずらか？　強く揺れる事もございますので、座席ベルトはしっかりとお締め下さい。

特に強く揺れるようなことがございましても、飛行の安全性にはまっっっっっった
く影響ございません！」

ドアクローズ前後に、このようなアナウンスをして、完璧な飛行をします。

そうして、目的地に完璧な着陸をして、定刻にゲートに着き、余裕ができた所で、

「本日のご搭乗、誠にありがとうございました」

「これからも、完璧！　感動！　感謝！　の運航を目指しますので、またのご搭乗を
クルー全員が満面の笑顔でお待ちいたしております」

「まだまだ夜は、冷え込みますので、風邪など召されないよう、十分お気を付けてお
過ごしください」。最後に一句！

「江戸の街　桜吹雪で　お出迎え」

「操縦席から手を振って、お見送りさせて頂きます」


たまたま搭乗した飛行機の機内で、こんなアナウンスを耳にしたら、

「何だ、これは？」と思われるでしょうが、それも当然でしょう。

じつはこれ、「知る人ぞ知る」……、かつて私がＡＮＡ機長として乗務した時に、搭乗されたお客様から、〝名物機長〟と呼ばれた、山形和行の「伝説のアナウンス」なのです。

１９４８年大阪に生まれ、１９６８年航空大学校に入学し、３年後の１９７１年にＡＮＡ全日空に入社しました。10年間の副操縦士時代を経て１９８１年機長として乗務開始、そして60歳定年退職ラストフライトを２００８年4月に迎えました。

さらに、同年5月に、より厳しい航空身体検査付加試験に合格して、現役機長として復帰しました。

２０１０年には2万飛行時間を達成、54歳から始めた講演の依頼が全国の学校や各種団体から増え始め、ボランティア活動として休日に全国各地を巡るようになりました。

講演内容は、主催者によりさまざまですが、『夢 実現』という題名で、「諦めず限界まで努力すること」「他者や生き物への思い遣り」の大切さや「本当の反省は成功した時にする」といったテーマで行なっています。

私の幼少期から機長時代の出来事を、もちろん「伝説のアナウンス」もまじえてお話をしています。

２０１３年４月、文字通りの「ラストフライト」を伊丹発羽田行ＡＮＡ30便にて実施、ラストまで27年３ヵ月と７日間、離陸後は全便目的地に到着させた記録、乗務員を含め機内で一人も怪我もなく、無事故で２万１３２３時間（地球約３７３周）の飛行を達成できました。

自慢話をしているようですが、私の人生は決して「順風満帆」ではありませんでした。ＡＮＡ機長ともなれば、高収入、高いステータス、エリート、といった印象をもたれるか方も多いかと思います。

確かに、「与えられた職務」だけを、たんたんとこなしていけば、世間の印象に近い生活、平穏無事な人生を送れたかもしれません。

ただ、私は、たった一度の人生の本番をそんな風には使いたくなかったのでした。

「出る杭は打たれる」「出すぎた杭は打たれない？」

皆さんも、この言葉を見聞きし、中には体験された方もいるのではないかと思います。私も体験した一人です。冒頭にお話いたしましたが、機長になってから数年後に始めたアナウンスに、クルーのアドバイスやお客様の御意見も頂き、思考錯誤して30数年で完成したものが「伝説のアナウンス」と言われるようになりました。

当初は、この私のアナウンス、つまり「杭」は文字通りあちこちで打たれました。

しかし、私は打たれても簡単に「杭」を引っ込められませんでした。

なぜなら、「パニックコントロール」のためのアナウンス、「万が一のための」のブリーフィング」、「お客様とのコミュニケーション」づくり。

これらは全て機長として、「飛行の安全」に最低限必要なことと考えていたからです。

ただし、これを実行するためには、まず自分自身に「根拠を持った確固たる強い意志」を持つことが必須となります。「安全が第一」は当然のことです。

当初は、それこそ通りいっぺんのマニュアル化されたアナウンスでした。

同乗のスタッフは、良かったとお世辞を言ってくれましたが、当然ですが乗客の反応はありませんでした。

アナウンスの内容については会社の規定はありませんでしたが、スタンダード本（見本）があり、そこには「余計なこと」は書かれていません。

「安全を保つ」が金言至言であり、「余計なこと」は批判されました。

しかし私は、その「安全」のためには、乗客の皆さんに「聞いていただく」ことが必要と考えたのです。

「万が一」の事態が起きないとは言えません。お客様に「聞いていただく」ためには、単なるマニュアル・アナウンスではダメだ、何か工夫が必要だと痛感していたのです。

と同時に、「安全」の上に、「快適さ」や「楽しさ」も感じて頂きたいとの強い想いがあり、私のアナウンスは、エンターテイメント化し、進化していったのです。

「人に喜んでもらえたらいい＝自分も楽しい」、その結果として、私も含めて幸せになるーこれが「究極のアナウンス」でした。
その「究極のアナウンス」の内容については、前著『新版・世界一のココロの翼を目指した〝名物機長〟のおもてなし』に詳しく紹介させていただいていますので、お読みいただければ幸いです。

さて、今や「人生１００歳時代」。私も当時の航空法の定年65歳誕生日前日でパイロットはやめましたが、「老後はゆったり」などとは露ほども思わず、「第二の人生」の出発とばかりに、講演、執筆、ファンクラブの集いやゴルフ等と日々頑張っています。
本書で、周囲から打たれ続けながらも、44年のパイロット歴を全うした「名物機長」の生きざまに触れて頂き、あなたのこれからの人生にお役に立つことができれば、著者としてはこれ以上の喜びはありません。

２０１７年10月

山形和行

「名物機長」の〝夢実現〟フライト人生◆目次

第2章 本当の英雄は、英雄にならない

第3章 サウスウエスト航空の訓え

第4章　町田宗鳳師の訓え

第5章 塩谷信男先生の訓え

第6章 リッツ・カールトンの訓え

第7章　あるフライトからの訓え

第1章

65歳のラストフライト

▼難問山積のラストフライト

文字通り最後の最後、65歳の「ラストフライト」は、羽田空港を出発して伊丹空港、そして伊丹空港から羽田空港でした。

じつは私の心中では、アナウンスのクレームで処分を受けた約2年前からこのラストフライトは最大の関心事でした。最後のフライトをどうしようかと気を揉みながら飛んでいました。

そして、とうとう最後のフライトを迎えようとしていたのですが、問題を抱えていました。

「管理職機長と同乗でないと機長として飛ばせない」という、終わりのない処分が2年3ヵ月続いていたのです。

要するに、ずっと処分を受けていたわけです。

だから、航空大学校の親しい同期機長の連中のなかには、酒の席で、

「お前、そんな処分を受けて恥ずかしくないのか？　よく機長やっていられるな！　辞表だしてやめたらどうだ！」

と言う人間もいました。

それを家内に伝えたところ、

「あなた、今、こんなところで辞表を書いたら、今までやってきたことが、間違いだったと自分で認めることになるわよ。もし、それでクビになるなら、堂々とクビになってきなさい。それだけの会社だったのよ！」

そういうふうに家内は言ってくれました。

そこで、私はラストフライトをするため、クビにならない範囲で、おっかけで乗ってくれるファンクラブの会員にも満足して貰える「おもてなし」をすべく、後述のような覚悟と想いをもって〝悪戦苦闘〟をしたのでした。

思考錯誤しながら、あの「究極のアナウンス」を完成させるべく、ラストフライトの日まで努力し続けたのでした。

ここで改めて、私のその想いを読者の皆さまに知っていただくため、私の拙著『世界一のココロの翼を目指した〝名物機長〟のおもてなし』の一文を紹介させていただきます。

▼究極のアナウンス

会社の上司からは、「一人もクレームがでなくて感動するようなアナウンスだったら認めます」と言われていました。家内からも「あなたのアナウンスは長すぎるので、短くても人を感動させるアナウンスがきっとあるんじゃないかしら?」とよく言われました。

最初私は、そんなことは不可能だと思いました。世の中には色々な人がいるわけですし、私がやっているのは、機内という狭い空間に閉じ込めたお客様に、無理やり聞きたくもない人も含めアナウンスを一方的に流すということです。

これではひとつもクレームがでないという方が本来おかしいのです。

でもここ2年くらいやってきて、ひょっとしたらできるかなあ、というものができてきました。それが、一件のクレームも出ず、お客様が安心し、感動する「究極のアナウンス」です。

国内線に限られますが、短い路線、早朝深夜の路線、ビジネスマンの多い路線、そういう路線で、機体のドアが締まった直後か、ほとんどのお客様が搭乗されて、残り数人のご搭乗を待つなど、直ぐにドアが締まらない時に、30秒くらいの短いアナウンスを入れるのです。

短いですから、ざわざわしている時にアナウンスしても、あまり効果はありません。

ドアがしまった直後に、チーフパーサーが機内放送で「セレクターレバー、アームの保安点検をみて回ります。

ド」（緊急脱出用にセットしなさい）という業務連絡と「携帯電話を機内モードにしてください」というような案内を入れます。そしてこのあと、チーフパーサーも機内の保安点検をみて回ります。

大体それが、早くても30秒から、満席で手荷物が多い時など1分30秒くらいかかるのですが、この時、操縦席では、通常、管制塔から目的空港までの管制許可は既に受領しており、機体も移動していないし、エンジンも始動していない、チーフパーサーからの機内準備完了の合図を待っているだけの、一番余裕のある時なのです。

機内の出発準備完了報告がないと、管制塔に出発の許可をもらえないものですから、大抵のパイロットは(今か今かとイライラ？　して)待っているだけです。この時がチャンスです。この30秒が狙い目なんです。(混雑時の羽田空港では、機内の準備報告が5秒遅れると、出発が3分遅れることもあります)

通常、ドアが閉まるとチーフパーサーが、先述の短いアナウンスをしますので、そうすると、お客様はその内容は聞いていなくても、何か声が流れているから耳はピッとそばだっているのです。
それが終わった直後に、「皆様おはようございます。機長の山形です」とアナウンスを入れます。（日本人は名前を入れないで、操縦席からご案内します。が多いですが、お客様の生命をお預かりしているのは誰かとお知らせするのが重要ですので、必ず名前を入れます。「副操縦士の時は機長の山形に代わって、副操縦士の○○がご案内いたします等」）

その後、「本日も、世界一のココロの翼、ＡＮＡにご搭乗誠にありがとうございます」世界で一番安全というとクレーム（過去にありました！）になりますから、ここは「世界一のココロの翼」等を入れることで、アテンションして貰い、お客様の耳をダンボ（ゾウの名前）にして貰います。（笑）
また、最初の「ご搭乗誠に」以降の、「ありがとうございます」は当たり前なんです。もう一回「ありがとうございます」が、「想い」で入っていると、「本当に機長は乗客に感謝している」となるわけですね。

この二度目の「ありがとうございます」ですが、定刻に出発できそうな時は、「お客様の早めのご搭乗と…」と入れると、やんわりとお客様には伝わります。

インターネットを見ていると、「面白い」反響がありました。「山形機長」で検索してみると、「機長から褒められたのは、はじめてだ」と書かれていました。そのあとがもっといいんですよ。

「これからも、早く乗ろう」となっていました。お客さんの躾にもなるんですよ。(失礼)

さらに「お客様の早めのご搭乗と…」にはバリエーションもあります。

遅れた時には、「お客様の（てきぱきとした、又は、すみやかな）ご搭乗と…」に変わります。

次に「地上の優秀なスタッフ」と言うとこれもクレーム（過去にありました！）です。仲間を褒めるな！　となりかねません。

そこで、「地上の、最も信頼できるスタッフの努力によりまして、当機は完璧な準備を整えております」と言い切ってしまいます。

普通の人は、なかなかこの「完璧」が、言い切れない。実行できなかったらどうするんだ、何かあったらどうするんだ、と考えてしまうんですね。

でも、99・9％大丈夫なんです。だから言い切ってしまうんです。

もし万が一トラブルが発生し、飛行場に戻ることになったら、その時のために、私はちゃんとコメントを用意してありました。その時、どういうアナウンスをするかといったら、

「機長からご案内いたします。離陸のために再度念入りに点検いたしましたところ、この飛行機に搭載しております航法装置に、不具合が発生いたしました。先ほど整備士と連絡を取りながら回復操作を試みましたが、残念ながら回復させることができませんでした。安全に対しては念には念を入れるというＡＮＡの方針に従い、一旦駐機場に戻り、再度整備士に点検させることに決定いたしました。お急ぎのところ、大変

ご迷惑をお掛けいたしますが、何卒ご理解の程、よろしくお願いします！」

こんなアナウンスを用意していました。このアナウンスを使ったのは、機長乗務約32年間で、後述のこの件、たった一度だけでした。


成田発ロンドン行の便でゲートを出発後、離陸の滑走路へ向かう途中で、まさに前述のような不具合が出て、駐機場へ戻った後に整備をやり直したため、約5時間遅れたことがありました。

私たちの勤務拘束時間は、最初からすると5時間以上長くなることが予想されましたが、勤務協定のイレギュラー時の機長の権限範囲にギリギリ入っていましたので、そのまま乗務を継続することにしました。

そして、「相当怒られるだろうな」と、思いながら飛行中の休憩時間に、私はいつも通り、ファーストクラスのお客様へご挨拶にいきました。


そこでなんて言われたと思いますか？

「良かったですねえ！」とおっしゃったお客様がいらしたんですよ。

「え？」とわが耳を疑ったのですが、何が良かったかといったら、

「離陸前までにそういう不具合が分かって良かったですね！」

と、かえって、ＡＮＡの対応に安心してくれたのです。

私たち機長以下クルーは、いつも、遅れた時に「時間、時間」と、そればっかりが頭にあるから、定刻より遅れると「申し訳なかった」と、思ってなんとか自分のできる範囲で、取り戻そうと言うことで、頭がいっぱいでした。

当たり前の話ですが、安全を最優先のお客様もたくさんいる、そんな大切なことに気づかされました。

もし、クレームらしきものがあった時でも　きちんと「事情と状況」そして「これからの予想」と「自分のできること」を説明することで、お客様は納得してくださると思います。

話を「アナウンス」へ戻します。

「皆様こんにちは！　機長の山形です。本日も世界一のココロの翼ＡＮＡにご搭乗誠にありがとうございます。お客様の早めのご搭乗と地上の最も信頼できるスタッフの努力によりまして、当機は完璧な準備を整えております」

この約20秒のコメントで、もうお客様とほとんど信頼関係ができていると思いませんか？　機長の責任も明確にしながら、お客様へのお礼も２回入れて、地上の素晴らしいスタッフの紹介、完璧に飛行機ができ上がっていることを伝えます。

これでもう、ほとんどコミュニケーションができ上がっていますから、離陸を前に、「怖い！　怖い！」と思っているお客様の心をしっかり掴んで、安心させることができるのです。

仕上げに、これから離陸することに関して一言入れます。

「できるだけ、快適に飛行いたしますが、強く揺れることもございますので、座席ベルトはしっかりとお締めください。特に強く揺れましても、飛行には全く支障はございません！」

と入れれば、これが、「究極のアナウンス」のベースとなります。

さっき言った「世界一のココロの翼」というのは、会社のキャッチフレーズの応用です。ＡＮＡが、「ココロの翼を」と、ＣＭでやっていました。

だから、会社のキャッチフレーズをパクったんです、これならクレームが出にくい。だって、会社にクレームを出すことになりますから。

会社の今迄のＣＭキャッチフレーズを全て調べ、それを使用して、バリエーションを増やすのです。たとえば「世界一鍛えた翼」「世界で一番最初（Ｂ７８７商業運航）の景色を提供した」等を入れることです。


なぜこういう言い方をするかといえば、一般的な機長のアナウンスは、お客様は聞き流すことが多いです。また、いつもと同じ事を言うだろうって思っていますから。（私は、客室移動の時に機長やＣＰがアナウンスした時のお客様を良く観察していました）だから、お客様に「え？」と思われるような事をあえてコメントするわけです。どんな良いことを言っても、聞いてもらえなかったら意味がないわけですからね。

ただ、私の「ファンクラブ」の人たちは、前述の内容だけでは納得しなかったんです(笑)。マニュアル通りのアナウンスでは、追っかけ(最高は3日間、7便連続で乗ってこられた方もいました!)の意味がない。

そこで私はどうするか?

私のバリエーションは「完璧な出発準備を整えています」の後に、5秒ほどでここに俳句をねじ込みます。たとえば、ファンクラブの人たちが、「今日のはどんな一句が隠れているアナウンスだろう?」ワクワクしながらメモ帳とペンを持って待っているところに、「〜〜〜当機は完璧な準備を整えておりますので、(〝満開の　八重の桜で　夢の旅〟)に出発いたします!」とやるわけです。

他のお客様には俳句と分からないので、機長から自分個人に対するメッセージだと思えれば、「ファンクラブ会員の優越感?」を、くすぐり、すごく嬉しく思ってもらえるわけですね。(笑)

一般のお客様も、季節感が入った「五―七―五」の言葉は「この機長ずいぶん余裕があるね！」と、感じてくれて、安心して頂けます。

ただ、これもタイミングが重要です。昔、ただ俳句だけを、最後に「一句浮かびました」で、アナウンスしていましたら「ふざけているんじゃないか、この機長は！」と、クレームがありました！（笑）

この後の残りの部分も、私の場合はファンクラブ用に少しひねってあります。

「できるだけ揺れないようにいたしますが、突然天使のいたずらか？　強く揺れることもございますので、座席ベルトはしっかりとお締め下さい。特に強く揺れるようなことがございましても飛行の安全性にはまっっっっっっっったく影響ございません」

この「まっっっっっったく」は「間の名人」と呼ばれたあの藤山寛美さん、もちろん足元にも及びませんが、あの「間」です。

ゴールデンインターバルと私は呼んでいます。

本当は早く終わりたいのですが、わざと約2秒（以前はもっと長く）の間を取っていました。これによりお客様の飛行機に対する不安をすべて吹き飛ばしてしまう効果をねらったものです。

まれに関東出身の方は、私のしゃべり方を含めて生理的に受け付けない方がおられて、クレームになることもあります。しかしこの方は元気な人ですので倒れる心配はありません。（笑）

これで25秒から35秒。そうすると、便もほとんど遅らせないで、安全を確保しながらできます。それから、上空ではアナウンスは基本的には入れません。

なぜなら、アナウンスをすると、音声や映像が止まるので、落語の「落ち」が間延びしたり、ポケモンの映画が途中で止まって、子どもが泣いたり騒いだりなど、さらに眠りを妨げたなど、クレームになる可能性があります。

ただし、便が待機に入ったり、この先強く揺れることがわかっている時はアナウンスします。

さて、完璧に飛行して着陸、ゲートに着いて、エンジンを全てシャットダウン、パーキングブレーキをセットして、チェックリストも終わったあとに「本日のご搭乗、誠にありがとうございました」とアナウンスを入れます。

この、最後のお礼が、商売でいう本当の「ありがとうございます」になります。最初はありがとうございます、で、あとは知らん、これでは「本当のおもてなし」じゃないですよね。

良い料亭にいったら女将さんが出てきて「ありがとうございました」って深々と頭を下げて、お客様の姿が見えなくなるまでお見送りしてくれる。これが本当の商売、「おもてなし」だと思います。

「究極のアナウンス」如何でしたでしょうか？

▼門前の狼、後門の虎、そして…

なんとかこういったことを最後の最後までやっていましたが、やはり処分を受けたままで退職をするのは辛いじゃないですか？

「ダメ機長」というレッテルのままの履歴は一生残るわけですから。

ある意味で、それを勲章だと思っている部分もありましたが（笑）。

そこで一応、その時の後輩の上司に対して頭を下げて「最後の乗務だけ、処分を外してください」と頼んだのですが、残念ながら、取り下げてはもらえませんでした。

じつは、私を処分したのは、当時の大阪乗務センター長なんですけど、私が64歳になった時には全部基地を東京に移して、大阪乗務センター自体がなくなってしまいました。

おまけに処分をしたそのセンター長はもういない。そのまま処分だけ続いていて、

「誰が処分を解除できるのか分からない」という状態でした。

東京乗務センターに「処分は引き継がれたけれど、それを撤回する人がいない？」という。それで最後には、副本部長をやっていた人にも、頭を下げてお願いしたのですが、残念ながら解除はされませんでした。

だから、私は処分をされたままラストフライトをすることになりました。通常は、相棒は親しい副操縦士が一緒に飛んでくれるのですが、私は、管理職機長と一緒でないと飛べませんでした。

どの管理職機長（私に好意的な機長もいました）でも良いとのことでしたが、私は、あえて前月まで同じ部の乗員部長をやっていて、東京で私の処分の実施を指示していた後輩の元部長と一緒に飛んで頂くようにお願いして、快諾して貰いました。

どうしてかと言うと、私としては、このラストフライトで、もしこの元部長が、安全やアナウンスを含め私の運航の仕方に問題があるというのであれば、これは私のやっていたフライトは残念ながら認められず、後輩に伝えることはできないということになります。

逆に、私が最後までフライトができたとすれば、運航上の問題はクリアした、ということになります。そういうものを私はラストフライトに賭けていたのです。

ただ、この上司から、最初の羽田発伊丹行の便でアナウンスを含め、何らかの不安要素やお客様等からのクレームが1件でもあれば、帰りのラストフライトの伊丹発羽田行の便は右席の補佐機長業務に変更し、アナウンスはさせない、つまり機長としてのラストフライトはさせません！　と言われました。

他の時間の伊丹羽田便は空席がいっぱいあるのに、私のラストフライトの伊丹15時発の便の予約は満席でした。

5年前の60歳定年退職の時は、「山形機長は○○○便でラストフライトをします！」と、予告をしたので大勢のファンクラブの人たちも搭乗されて満席状態でした。でも、この「ラストフライト」の時は予告をできませんでした。

なぜなら、私の場合は前述の特殊事情があったので、万が一フライトができない可能性もあったのです。でも、口コミで情報が流れてしまい、この便だけ満席になってしまったというわけです。

それから、問題はゲート前などで、イベント的な催しでもやれば目立ってしまう。実際、行きの羽田出発ゲートで往復便に乗るファンクラブ会員が、ゲートで私と一緒に写真を撮ろうとしましたが、隣に元部長がいましたので申し訳ないけど丁寧にお断りしました。行きの便で何かしらのトラブルが起きると、帰りの便のラストフライトがなくなってしまいます。

そうすると、東京のホテルで催される私の退職記念パーティに行くために、ラストフライト予定便に搭乗する方たちが大変落胆する状況になってしまいます。

でも、最後の往復便は、「従来の長い長い伝説のアナウンスを改良したアナウンス」を、出発前、降下前、ゲート到着後の３回を前述のようなギリギリの状態でやっていく決意はしておりました。

そのうえ、ファンクラブの人は往復で乗る人もたくさんいましたから、そこで、他のお客様からクレームが出ないようにしないといけないし。その人たちにも喜んでも頂きたいという具合でした。

まさに、「前門の狼（右席の元部長）」「後門の虎（客室のクレーム）」の感じでした。

さらに伏兵がいました「天空の龍（強風）」です。

前日に日本列島を通過して行った爆弾低気圧というやつでした。

前日は、この低気圧の影響で各地の運航便が欠航してものすごく乱れました。

幸いにも、私のラストフライト予定便の使用機材はすでに羽田空港に着いていました。会社の運航室にショーアップして、出発1時間前にクルーブリィーフィング（天候調査や飛行高度の決定等）するわけです。

そのうち天候は回復してきたのですが、とにかく風が強くて、それも横風が強くて、飛行機の制限をオーバーしている状況でした。

このままだと飛行機が離陸できないことになります。横風が今後弱くなるだろうという前提で出発しました。しかし、最初は制限がオーバーしていて、滑走路手前で待機せざるを得なかったのです。

10分以上も待機しましたが、風は弱まりませんでした。ここでもし離陸できないことになったら、この便はそのまま羽田空港のゲートに戻って、「私の伊丹空港からのラストフライトがなくなる」ことになってしまいます。

そうなると、伊丹空港からの便は別の機長が乗務して別の飛行機で運航するか、欠航することになります。

そうなると、私の乗務する便自体がなくなってしまうので、「ラストフライト」は、これで戻って終わり、となってしまいます。

いわゆる、予想もしなかった伏兵の天候にブロックされたわけです。

だから、「前門の狼」「後門の虎」それから、「天空の龍」その三つに抑えられたフライトだったのです。

▼神様に試されたラストフライト

この状況は、私が思うに、神様が、お前、偉そうなことを言っているけれど、「これでもお前のラストフライトはできるか！」って試されたんだと思います。

離陸を10分以上もお客様は待たされているので、右席の元部長の顔色をうかがいながら、追加の機内アナウンスもしましたが、それに対して元部長はとくに問題はないと言ってくれました。

私はこれ以上待っていても、この滑走路では離陸ができそうにないから、もう一本ある海側の滑走路、そこの風はどうだろうって会社の運航担当者に無線で聞いたわけです。

そうしたら、海側の風は弱くなってきています、海側の滑走路であれば離陸できる可能性があります、ということでした。

そこで、管制塔に離陸滑走路変更の許可をとり、すぐＵターンして、海側の滑走路へ向い、滑走路の手前で、横風が離陸できる規定値以下になるのを待ちました。

しかし、既に出発から15分以上経っており、もう、これ以上待つと戻らないといけないといった時に横風がギリギリ制限いっぱいに弱まったのです。

すかさず、管制塔から離陸の許可をもらいました。もちろん、右席の元部長にも了解を得て離陸しました。すごい揺れでしたが何とか飛べたのです。

行きの便は前線の影響を受け、雲海のため富士山は見えませんでした。それでも、機内アナウンスを入れて、到着時間が遅れていることを説明しましたがクレームはありませんでした。（こういう時は、言い方を間違えると、ビジネス路線は即クレームとなるので、アナウンスは細心の注意が必要です！）

普通、Ｂ７６７機では到着後のインターバルは40分でやっています。

とくに満席ともなると、お客様が降りる時間、乗ってくる時間や打合せ時間、清掃時間、燃料補給、整備点検時間等をいれると、ギリギリになってしまいます。

今回の羽田から伊丹の便では、時刻表では折り返しに50分のインターバルを取っていました。だから、伊丹空港には遅れて着いたんですけど、5分遅れくらいで伊丹空港を出発できたわけです。

天気が良くなってきていました。風も弱くなっていて、上空では、雪の冠をかぶった霊峰富士山が出迎えてくれましたので、降下前のアナウンスを入れて、窓側のお客様はそのままで、他の席のお客様には心の目で、満席の全員のお客様に観て頂きました。

また、「天使のいたずらで強く揺れましても、完璧な着陸にはまっっっっっっったく支障ございません！」（笑）

羽田空港は横風が未だ強かったので、着陸してからゲートまで一番時間がかかる横風用の滑走路を使用していました。着陸後の地上滑走の速度も、隣の元部長に気を使いながら、到着ゲートに着いたのは、ぴったり定刻でした。

それが、私のラストフライトでした。エンジンを止めて、パーキングブレーキをして、チェックリストを終了後、この便が、私のラストフライトになったこと、本日のお客様や、今までご搭乗頂いた全てのお客様、ANAの全従業員と今まで運航に関わったすべての関係者の皆さんへのお礼を述べた後、

「これからも、私の後輩が、（完璧！　感動！　感謝！）の運航を目指しますので、世界一安全なANAに、またのご搭乗よろしくお願い致します！」

「操縦席から手を振ってお見送りさせて頂きます！」

最後に一句、「感激の　ラストフライト　涙あふるる」字余りでございました！

無事ラストフライトは終了しました！

別れを惜しむかのようなお客様全員に操縦席から手を振ってお見送りさせて頂き、

右席の後輩の元部長が笑顔で握手して、「ラストをご一緒できて光栄でした！」と

言ってくれたのが、私にとっては「最幸」の祝辞でした！　感謝！


その時、同じ機に乗られていた会員以外のお客様から、

「これが完璧っていうことでしょうね！」

というメッセージを頂きました。

確かに、運もよかった。（努力には運が巡る）でも、運もよかったけど、
神様には、「やっぱり試されたんだな！」っていう心境でした。

文字通り、最後の最後にね。

処分は解除されないで「ダメ機長」のままだったけれど、
お陰で、こんなフライトができたんですよね。

「処分されたことに感謝！」

だから、これから人生、第二のスタートを切るのに、
神様が、「おまえ調子に乗るなよ！」と言う、戒めということでしょうか？（笑）

第2章

本当の英雄は、英雄にならない

▼映画〝ハドソン川の奇跡〟

2009年1月15日、身も凍るような寒さに見舞われたアメリカのニューヨーク。この日、USエアウェイズ1549便がニューヨークの空港を飛び立ち、マンハッタンの上空を飛んでいた。

ところが、飛行機がマンハッタン上空850メートルに差し掛かった時、「突如、鳥がエンジンに飛び込む」というバードストライクによって、すべてのエンジンが停止するという緊急事態が発生する。

エンジンが一つでも動いている限り、飛行できる設計になっているジェット機の、すべてのエンジンが停止するという前代未聞の事態に、70トンもの機体は制御不能に陥ってしまう。

機長のサレンバーガー（トム・ハンクス）は、制御不能に陥りながらも、必死に飛行機の舵を取ったが、もはや飛行場への着陸が不可能と判断をした彼は、迫りくるビル群を前に、目の前に広がるハドソン川へ着水することを決定する。

残された制御機能を駆使して、辛うじて真冬のハドソン川へと着水したＵＳエアウェイズ１５４９便であったが、乗客・乗員合わせた１５５名は、ひとりの犠牲者も出なかった。

前代未聞の事態の中で、ひとりの犠牲者も出なかったこの事故は、やがて人々から〝ハドソン川の奇跡〟と呼ばれるようになる。

機長のサレンバーガーは、マスコミを中心に、英雄として称賛を浴びることになるが、彼は、決して、自らを英雄として認めなかった！

ところが、事故直後、マスコミに英雄と称賛されていたサレンバーガーであったが、その後、彼は、事故の激しいトラウマとアメリカ国家運輸安全委員会によるきびしい追及に悩まされることになる。

そして、このわずか２０８秒間の彼の決断が、彼を英雄から容疑者へと追い込むことになろうとは、多くの乗客のみならず、サレンバーガー自身ですらも、まったく予期していなかった…。（映画「ハドソン川の奇跡」動画解説より）

映画では、二つのエンジンが停止した後の機長や副操縦士の処置に対して、適切であったかどうか、もっと良い対処や決断があったのではないか、を問われていました。しかし、私の意見は、全て（二つ）のエンジンが停止した後の、機長の判断とその後の処置は、「エキサレント（素晴らしい！）」の一言です。

民間旅客機のパイロットの模範となると思います。

でも私の本当の想いはこうです。

「本当の英雄は英雄にならないのです！　何故なら重大な事態になる前に対処するからです！」

なぜ、そう言い切れるのか？　と思われる人もいるかと思いますが、私はベテランパイロットの一人として、そう直感してしまうのです。

ちょと、話はそれますが、

私は、19歳の春に宮崎にある航空大学校（旧運輸省、元国土交通省管轄）に入学しました。1年間地上座学を受けながら航空級無線通信士の国家試験で免許取得、2年目から実機による飛行訓練、航空身体検査（その時から65歳未満迄約44年間、1年～半年毎に受験して全て合格）も受けて、陸上単発機の単独飛行と自家用操縦士の国家試験（以下全ての免許は国家試験）で免許取得。

3年目宮城県仙台空港の分校に移動して、陸上双発機の免許、計器飛行証明の免許、そして当時国内で運航していた、国産旅客機YS―11型機の免許を取得して、22歳の春ANAに入社、その後YS―11型機のリフレッシュ訓練と航法訓練審査に合格して、定期の路線で、見習いの副操縦士として、約2ヵ月乗務後審査に合格して、23歳で正規の副操縦士になりました。

その後も、B737の免許、ロッキード・トライスターL10―11の免許を取得して、

28歳で機長になるための国家試験合格後、昇格の順番待ちで、33歳でＹＳ－11型機の機長国家試験に合格、路線での見習い乗務後、路線資格の国家試験に合格して、正規の機長として乗務。

他の路線試験全てに合格して全路線に機長として乗務。約３年半後Ｂ７２７への機種移行。その後Ｂ７６７、Ｂ７４７－４００に移行して長距離国際線約10年乗務後、再びＢ７６７へ復帰訓練に合格して65歳未満迄乗務。

全て国家試験がらみで、受験する前に、最低１～２ヵ月から最高半年ぐらいの訓練が行われています。従って、約44年のパイロット人生で、合計８年ぐらい訓練と審査に費やしています。要するに訓練通り飛ぶというのが、一般のパイロットも習性となっています。

長々と説明しましたが、ここからが本題です。

訓練はパイロットになるために大変重要で、審査は訓練で教わったことをいかに忠実にできるかが問われます！

ので、離陸直後は、特に騒音問題などがありますので、飛行経路を逸脱しないようにパイロットは、操縦席の中にある自機の位置を示す計器を頻繁に見ています。

審査は計器飛行が前提のシミュレーションですので、外部を見なくても構わないし、計器を見ている方が経路の逸脱が防げて、審査に合格しやすくなります。

こんな風に、訓練ばかりたくさん受けていると、実際の運航でもほとんどのパイロットは訓練通り乗務してしまいます！

▼〝訓練通りの操縦〟がもたらした「ハドソン川の奇跡」？

ハドソン川の事例に当てはめると、マンハッタン上空８５０メートルに差し掛かった時、「突如、鳥がエンジンに飛び込む」となっていますが、飛び込んだ鳥は大型のカナダグース、おそらく群れをなして飛んでいたのではないでしょうか？

外部監視していれば、当日の天候と時間を勘案すれば、発見できたはずです。

なぜ、避ける操作をしなかったのか？　あくまで私の推測ですが、機長と副操縦士は機内の計器を見ていて気が付かなかった可能性があります。

もし、その鳥の群れを早くから見付けていれば、回避操作ができたはずです。それができていれば、最悪回避時に急激なジェットコースターのような加速度がかかり、お客様はビックリされますが、離陸直後ですので大丈夫。だれも立っていないしベルトも閉めているので、まず「怪我をする人もなく、そのまま目的地へ飛行できた！」はずです。

また、回避操作をしていれば、少しでも損傷を防ぐことができた可能性があり、万が一、それでも何羽かの鳥に衝突したとしても、全てのエンジンが停止せず、片一方のエンジンでも作動していれば、無事空港に戻り着陸。

大きな損傷もなく、お客様も「誰一人怪我もせず、機体も最小限の損傷で生還できた！」はずです。

この時の機長は、英雄でもなんでもありません！　当たり前のことをしたにすぎません。でも、よく考えてみれば、どちらが本当の英雄だと思いますか？

会社経営でも、倒産しそうになってギリギリの所で食い止めた人が「英雄」？　もしその人が、それまでもその会社の経営に関わっていたとしたら、どうしてそんなギリギリになるまで対処できなかったか、が問われます。

逆に、従業員にみじんも不安を感じさせないで経営している経営者こそが、「本当の英雄」だと思います。

生徒が、自殺しようと川に飛び込んだ時に、自分の命の危険を顧みず飛び込んで助けた先生よりも、その生徒がそんな行動をとらないように、日ごろから対応をしていた先生が、本当の英雄です。

自分の息子や娘が、他人に迷惑をかけたり警察のお世話にならず、自立して立派に社会に送り出せた、この両親こそヒーロー、ヒロインであり本当の英雄なのです。

どんな仕事にも、このヒーローやヒロインが存在しているのです。

▼本当の英雄の仕事

人間は本来、他人に喜んでもらいたいという気持ちを持っていると思います。それが、何物にも代えがたい幸せになってくる。

仕事も同じだと思うんですね。どんな仕事でも同じです。

不特定多数の人に喜んでもらえる場合、誰が使うか分からない。もちろん仕事でやっているわけですが、意識の違いによって差が出てきます。

「いやいや」やっている人と、プロ（本当の英雄）としての意識を持っている人との差は大きいのです。

こんな「プロの仕事が」があります。

一つ目は、「世界で最も清潔な空港の掃除のプロ」と紹介されたヒロインです。

羽田空港は、２０１３年・２０１４年、そして２０１６年に世界で最も清潔な空港という栄冠に輝きましたが、その仕事をしているのが新津春子さんです。

約７００人の清掃員のリーダーでもあります。彼女は自分の仕事についてこう話します。

「私は、仕事を覚えきってしまうとつまらないの。その点、清掃という仕事には終わりがない。最初は誰でも汚れを落とせるのに、ある時点からプロでないと手が出せなくなる。深い世界なんです」

二つ目は、「奇跡の７分間。新幹線の清掃員が世界中から賞賛される理由」と紹介されたヒロインたちです。

「新幹線からお客の降車が終わると、７分間の清掃に入る女性たちがいる。座席数１００の１両車両の清掃を一人で担当する。座席の下や物入のゴミを集め、座席の向きを変え、テーブルすべてを拭き、窓のブランドを上げ、窓枠を拭き、座席カバーが汚れていれば交換する。トイレ掃除の担当は、汚れた便器を7分以内で完璧に清掃する」

如何でしょうか、ここに登場した女性たちの仕事に対する姿勢、すばらしいですね。普通は、自分に与えられた仕事は文句や苦情がない程度にやればいいと思いますよね。逆に言えば、「いやいや」やっている人は、同じ仕事をしても、その結果に差が出てきてしまう。どんな仕事でも頂点を目指そうというのが一番大切なことのようです。

当然、その仕事には誇りを持ってやっているので、その人を見たら自然と称賛する人たちがたくさん出てきてくれます。

ここに登場する人たちは、言うまでもなく、当初は無名の「一般人」にすぎませんでした。しかし、その仕事に向き合う姿勢は、私から見れば「英雄的行い」、そのものです。

でも、本当の英雄は、この人たちのように、英雄として注目されるために仕事をしてきたわけではありません。

繰り返しになりますが、仕事を頑張っている人、そして順調にいっている人。子供も順調に育っている、家庭も人生も順調にいっている人。

この人たちは、皆ヒーロー、ヒロインなのです。

このことは、子どもの世界だけの話ではありません。

よく言われることですが、欠点を克服した人はいないが、長所を伸ばした人が、人生の成功を手にするということになるのです。

常にベストを尽くせば、怖いものなしなのです！

▼「ありがとう」を心から言える

私は機長として、クルーにも最高に恵まれていたと思います。

2万1323時間（地球約373周）のフライト機内で怪我人が出なかったのは、一緒に乗ってくれた相棒と客室乗務員がやるべき保安業務をきちんとやってくれていたということです。

ですから、改めて、この方たちに「ありがとう！」です。

一般的によく使われますが、「ありがとう」という言葉は、「有難い」ということです。「有る」ことが「難しい」こと、この行為をしてくれたことに心から感謝しますということです。

あるいは、普通では「あり得ない有り難いことが起きた」、そういう意味合いを入れた感謝です。そういうのが「有難う」の言葉なんですね。

別の章で紹介している町田宗鳳師の「ありがとう禅」、ここでは、外国人も日本語で「あ・り・が・と・う」と唱えるそうです。

この独特の響きとハーモニィから、彼らも、「あ・り・が・と・う」と声に出して言うことによって、禅の教えが体の中に入っていくような感じがするようです。

陶酔する状態、ナチュラルな気分に心を満たしてくれる、そんな感じがして、心身がリラックスするのです。外国人の方でも、そうなるみたいです。


私も機長当時は、一日に１００回くらいは言っていたと思います。

ただし、気を付けないといけないのは、心のこもっていない「ありがとう」です。

時々一緒に乗った後輩のキャプテンでしたが、ありがとう、ありがとう、ありがとう、って、とにかくちょっとしたことでよくこの言葉を使うんです。

でも、それは、心のこもっていないありがとう、と感じました。

ありがとう、と口にすることは大切なんですが、心からの言葉じゃないと相手にもわかってしまい、せっかくの素敵な言葉が逆効果になってしまいます。

だから、心を込めて、「ありがとう！」って、言いましょうね！


私は国内線の飛行時間が短い便でも、通常アナウンスを3回やっていました。

まず、ウエルカム、もちろん、「ご搭乗ありがとうございます！」です。そして降下前のアナウンス最後に（ご清聴）「ありがとうございます！」

到着後のお礼のアナウンスで、「ご搭乗ありがとうございました！」操縦席より手を振ってお見送りをさせていただいています！　と、いって、そこで3回目の「ありがとう！」です。

一日に3便から4便飛んでいるから、9回から12回になります。正直なところ、最初からそうしたわけではないけれど、だんだん進化していきました。（笑）

今でも、最低年3回、関西で開催されている、ファンクラブの集いに友人を連れて参加された方の感想です。

「私より10歳も年上の方とご一緒して会場に行きました。そこで、まずびっくりしました。機長のファンクラブというのでお年寄りの人が多いと思っていたのに、若い人がたくさん参加されていました。

そして、年配の方も若い人と一緒にいると、すごいエネルギーを貰えましたと喜んでいました」

元気で長生きするのはいいけれど、どんどんと、自分と同じ世代の人は亡くなってしまうのです。

一緒にゴルフをしていた人、一緒にカラオケで歌った人、その人たちが天国に召されていくわけです。だから、残された人は寂しくなる。

そこで、楽しく生きる方法は、自分より年下の人と付き合えるようになること、年をとっても新たな年下の友人をつくること、それが幸せに長生きする秘訣です。

そのためには、「小金」が少しだけ必要になります。年下の人と飲んだり、食べたりした時は、自分が少しだけ多めに負担できるだけの、配慮と金銭的余裕が必要です。

対等でもいいけれど、一緒に付き合うために「小金」と「笑顔」。それから一番大事なのが、「ありがとう」という言葉です。

そういう付き合い方ができる人は、年齢も関係なしに、お互いにプラスになって、どんどん新しい年下の友人ができて、寂しい思いをすることがありません。


人と人との出会い、付き合い方も、工夫や努力が必要だと思います。

もちろん、人にもよるし、その時間とその時の状況、さらに場所によって、会話やつながりは違ってきます。

だから、一言「おはようございます！」と自分から大きな声で、相手の目を見ながら挨拶をすることです。

もし、その人とさらにコミュニケーションを取りたいと思ったら、重要なのは次に続く言葉です。

たとえば、バス停で待っている人に、大きな声で「こんにちは！」と言ったとします。そうすると、たいていの人は、「こんにちは」、くらいは返事をしてくれますよね。

さらに、次のもう一言、

「今日は冷え込みますね！」、「どこまでお出かけですか？」

そうすると、話の輪は広がって行きますし、次回会った時は、もう自然と挨拶ができるようになります。

でも、最初の一言だけだと相手が話はじめることはあまりありませんね。二言目を話すことで、それを聞いた相手からも返ってきます。

そうすると、自然と会話のキャッチボールができるようになり、

「心と心は、必ず応える」ことになります。

定年退職して、いつも自宅にくすぶっていると、夫婦仲もギクシャクしてきます。

そんな人に必要なのは、

「きょういく（今日行く）」と「きょうよう（今日用）」です！

後述の、１００歳翁の塩谷先生の「正心調息法」や町田先生の「ありがとう禅」、その気になれば自宅でも実践可能ですので、心と身体を健康に保って、「きょういく（今日行く）」と「きょうよう（今日用）」を実践して、１００歳目指して幸せに過ごしましょう！

Ｇｏｏｄ Ｌｕｃｋ‼

第3章
サウスウエスト航空の訓え

組織の人数が多くなってくると、全員とコミュニケーションを取るということは確かに難しくなってきますね。

この章では、私の機長人生に影響を与えた「サウスウエスト航空」について語ろうと思います。

サウスウエスト航空は、4大航空のうち唯一のLCC格安航空会社ですが、顧客満足度が最も高いと言われています。

世界中のLCCの中でも一番人気で、少しでも料金を下げつつ、安全に空の旅を楽しみたい方におすすめの航空会社となっています。

▼サウスウエスト航空の訓え：航空会社の模範

サウスウエスト航空は確かに変わり者だが、大成功を収めた。しかも、楽しみながら成長したのだ！　ではサウスウエスト航空は変わり者なのか？　もちろんだ。しかし、同社は大きく成長し、商業航空史を飾るサクセス・ストーリーのヒーローとなったのである。しかも、楽しみながら成長したのだ！　多くの人々がサウスウエスト航空に魅せられるのは、このとっぴな会社がどうやってこのような奇跡を引き起こしたのか知りたいからにほかならない。

しかし、そこにはもう一つの理由がある。多分あまり知られていないが、同じように人々の心を強く引きつける理由が。われわれがサウスウエスト航空に魅せられるのは、心の奥底で無意識のうちに、生きがいを与えてくれる何かに参加したいと願っているからなのだ。

われわれは皆、自分より偉大なものに帰属することを望んでいるのである。

サウスウエスト航空の戦略は飛行機をフルに活用して、短距離直行便で地方都市を結ぶ方式である。サウスウエスト航空のボーイング737は一日平均11・5時間飛行する。他社の平均は8・6時間だ。

サウスウエスト航空の場合、一回の平均飛行時間が1時間強であることを考えれば、かなり効率的に活用していることが分かるだろう。飛行時間の遅れは、地上で無駄な時間を過ごすのと同じで、航空機の使用効率が下がることを意味する。

サウスウエスト航空が他社との相互乗り入れをしないのは、遅れの出る可能性がある他社便の乗り継ぎ客を待つために、無駄な時間と金を浪費したくないからだ。

サウスウエスト航空の戦略、つまり飛行機便をどうしたかというと、いわゆる「ニッチ市場」をターゲットにしたということです。日本でいえばそれは、離着陸が日常的に混んでいる成田や羽田という国際空港を避けて、たとえば成田の替わりに茨木空港を使うということです。

騒音の問題があるからなかなか難しいですが、「ボーイング７３７」という１５０人くらい乗れる小型ジェット機に集約して乗客を運ぶ、この機種だけで運航しているわけです。

そのメリットは何かというと、まず機種が多いとその飛行機毎ライセンスを取る必要がありますが、一機種だと、パイロットのライセンスが一つで済むということです。ＡＮＡ全日空に勤務した私は、６機種のライセンスを持っていましたが、その都度かなり難度の高い訓練して審査を受けるので、その間は、賃金を払っているそのパイロットは稼働していないことになります。

現在は実機よりも高価なシミュレーターでの訓練が中心ですが、実機を使用して訓練審査をする時もありました。つまり営業ができないうえに、訓練をしている間は訓練費もかかる。

そう、二重の負担になっているわけです。訓練は、座学からはいって、実地の訓練と技能審査、それから路線訓練と審査をします。だから、何カ月もかかるわけです。機種が変わるたびにそれをやらなければなりません。

それも、新機種については、見習い状態からはじめるので練習は一回で済みませんから、すごい訓練費がかかりロスが大きいわけです。訓練人数にもよりますが、年に何億円とかそれ以上のコストをかけているわけです。

ところが、一機種だけだと定期審査だけですんでしまいます。定期審査というのは、継続するための審査になります。これは、どの機種に乗っていてもある審査ですが、機種変更に比べればたかが知れています。

新しい機種に変わって、その都度ライセンスが取れるか取れないかとなると、審査に落ちる人も中にはいるわけです。またそうなると、やり直しになるから、もう、コストと時間がものすごい負担になってしまいます。

だから根本的にコストダウンをするためには、飛行機の機種が少ないのが、一番コストダウンになるんです。整備面でもそうだし、部品の調達もそうです。

逆に、機種が多いと、飛行機が変わったら、整備士の資格と作業もそのたびに変わるし、客室乗務員の訓練もそれに合わせてしなくてはいけない。

これではもう、飛行機が変わるたびに、整備費と訓練・審査などにかかる時間とコストがものすごいことになります。

このサウスウエスト方式は、ＬＣＣの経営上はすごくメリットがありますが、実はパイロット側にとってはちょっと不満かもしれません。ほとんどの旅客機では、飛行機毎のライセンス（技能証明）が必要です。

パイロット個人としては、自分で機種変更のライセンスを取る人もいますが、大変高額な費用がかかります。

入社した会社に多くの機種があり、他の機種のパイロットが足らなくなると、会社の費用で新しい機種の訓練と審査を受けさせてくれますので、ライセンスをたくさん取っておけると利点があります。

アメリカ企業では「セニョリティ」というのがあって、たとえば航空会社に入って経営状態が悪くなったら、人件費を削減しようとしてセニョリティの一番低い人から自宅待機かクビを切られます。

セニョリティの高い人は、その企業が倒産しない限り最後までその職場で働く事が出来るわけです。セニョリティは通常同じ職種だと入社した順番です。

だから、もし別の条件の良い会社に転職する時は、その航空会社で運航している機種のライセンスを一つでも多く持っていた方が、採用される確率が高くなるのです。競争の激しい米国では、将来の事を考えると、より多くの機種のライセンスを持っていたいのが人情です。

航空会社としては、使っている機種が同じものだと何かと有利です。反対に、ライセンスはパイロット個人としては多く持っておいた方が良いのは当然でしょう。

ただし、経営者側としては、サウスウエスト航空がやったように、国際線に進出しないという前提が必要です。

国際線となると、どうしてもファーストクラスやビジネスクラスというのを持たなければいけないからです。

この特化は、言ってみれば100円ショップのようなものです。

こんなことを言ったら失礼ですけどね。でも、100円ショップでも生き残っているということは、それは、それだけいいサービスをしているからにもなります。

ただし、広大な米国では、主要空港以外に就航できる空港が多くあり、自家用車も無料で駐車できるなど、国内のみで十分利益をあげられる需要を掘り起こせましたが、多くのアジアの国では、LCCも近距離国際線に就航して、座席数は少ないですが、ビジネスクラスを設けて運航しています。

▼サウスウエスト航空の訓え：「プロフェッショナル」はお断り

1978年に会長に就任したハーブ・ケレハーは人材部を設置し、ユーモアセンスのある従業員を採用するという方針で臨んだ。「空の旅は思い切り面白くなくては！」というのが、彼の口ぐせだ。

「人生は短く、辛く、深刻なんだから楽しまなければね」

サウスウエスト航空は面白いということに重点を置いている。従業員を採用するときも、この考え方が基本になる。

ユーモアセンスのある人は、変化にも素早く対応できるし、プレッシャーの中で面白いことを考え出すこともできる。

一般的に見てユーモアセンスのある人は、仕事をより効率的に処理することができ、気分転換が上手で、遊びに熱中することも、より良い健康を維持することができ、その結果、病気等での欠勤で職場に穴をあけることがないのだ。

サウスウエスト航空は、最初は何十名かの社員ではじめて、どんどん大きくなりましたが、一貫して変わらないのが、「現場主義、すべて任せる」の社是でした。それを決めたのがハーブ・ケレハーという人物でした。

彼はもう社長を退いていますが、彼がまずやったことは、人事部長に対して採用するときに次のように言いました。

「一定レベルの技能や技術を持っている人は当たり前だ。営業の知識や整備のライセンスを持っているのは当たり前。プラスアルファ、あなたはその辺にいる10万人や100万人の中で一番になれるものを持っていますか。採用面接のときにそれを見せることができますか。そういうものがあれば、言ってください」

この条件に応えることのできる人を選びなさい。何か特技がある人を選びなさい。というのが彼を含めた経営者側の採用条件でした。人々を感動させることのできる何かを、それは何でもいいから。

その何かを持っている人間こそ、わが社が欲しい人材だ、ということでした。

たとえば、俺はギターを弾けるぞ。私は手品が得意です、という具合に何でもいい。そういうものをプラスアルファで一つだけでいいから、それを採用試験の時に見せてくれということでした。

そこで、採用に当たっている何人かが、それで全員感動したら即合格となりました。そういう人事採用試験をやったわけです。

だから、採用試験でギターを持ってくる人がいたり、トランペットを持ってきたり、手品の小道具などを持ってきたりする人がいたのです。

それで選ばれた人たちがサウスウエスト航空に入ってきたのです。

▼サウスウエスト航空の訓え：走れ！　もたもたするな

「わが社の飛行準備時間が短いのは、トリックでも何でもない。意欲的に仕事に取り組む従業員のおかげだ」　サウスウエスト航空の飛行機がゲートに着くと、地上要員が一斉に駆け寄ってくる。その様子はまるで、Ｆ１レースでピットインした車を一秒でも早くコースに戻そうと必死になるピットクルーを思わせる。

サウスウエスト航空では従業員のほとんどは組合に加入しているが、同社は会社のシステムが柔軟に運営できるように組合側と就業条件を交渉してきた。

たとえば、客室乗務員とパイロットが補給係と一緒に食糧を積み込んだり、ゴミを拾ったり、荷物を積んだりしているのは決して珍しい光景ではない。

どの従業員も、もともと割り当てられた以外の仕事にも対応できる柔軟性と意欲を持っており、定刻通りに飛行機を飛ばすためなら、どんな仕事でも喜んで引き受けるだろう。

つまりこういうことです。パイロットとして、機長として、安全にできる限り定時に飛ぶのは当たり前だ、その安全と定時運航を前提に地上職員から機長や客室乗務員まで、お客様が喜ぶことをしてください、ということでした。

ともかく、お客様の喜ぶことをやれ。ただし最低限の決められた仕事はやりなさい。だから、営業だったら、きちんとチケット販売、チェックイン数の確認、定時に出発できるように案内をするという最低限のことはやります。

そして、プラスアルファとしてお客様に喜んでもらえることをしなさい、となります。

同時に、重要なことは、飛行機を最低限の時間で効率よく稼働させないとコストがかかるから、「やれ！」とは強制しないけれど、協力をしてもらえるならば、荷物の積み下ろしや掃除など協力をしてください、となっているわけです。

だから、機長がゴミを拾うことが不思議でもなんでもない。最低限の時間、インターバルで運航するためにそういう協力をすることがほとんどの従業員にとって必然となっているのです。

それから、お客様の入れ替えをいかに早くするかということが一番の運航目標になります。日本では、お客様を全員下ろさないとできない、きっちり終わってないとできないわけですが、米国だからできるのかもしれないけれど、掃除しながらでも案内をしてしまうということです。

むしろ、掃除が半分終わったよと、言ったら、お客様をそろそろいれるぞ、ということになります。客席はすべて自由席にしているから、空いているところからお客様は自由に座れるということですね。

日本では24時間運用している空港が少ないので、最低の折り返し時間しか取っていないと、少し遅れただけで最終便が飛べなくなってしまいます。

ハリーアップ・シンドロームと言って、働いている人が慌ててしまうと、あれもこれもやらなくてはと考えてミスを誘発することにつながるので、そういう時でも、プライオリティを決め何を一番にするか、その次はこれをと、順序立てて行い、安全に影響を与えない範囲で、その都度臨機応変に対応できることが重要です。

▼サウスウエスト航空の訓え：最も価値ある人材を見極めて採用する

サウスウエスト航空は、個人の独創性や個性を認め、尊重し、称讃する。特定のタイプの個性を求めているのではなく、仕事を通して古いしきたりを打ち破り、自由に行動することを奨励しているのだ。従業員には個性を磨く自由が与えられている。歌や漫談が得意な人も、おとなしい性格の人も、それぞれにその個性と才能を生かして仕事をすればいいのだ。

サウスウエスト航空が従業員に求めるのは、ありのままの自分でいることだ。自分をさらけ出せない人は歓迎されない。本来の自分を偽るような従業員は、毎日の生活でかなりのストレスをため込むはずだ。

そして、そのストレスは、サービスを提供する乗客や一緒に働く同僚に向けられることになる。サウスウエスト航空が培ってきた企業文化を脅かす敵は、こういったストレスなのである。

これからの航空会社は、安全、快適、定時に飛ぶのは、当たり前。

お客様に次も、この飛行機に乗りたいと思ってもらうには、ハードやソフト面での様々な機内サービスを提供することも重要だが、コストをかけずに一機長として何ができるかを考えることが必要と考えていました。

自分流のアナウンスをしていた私にとっても、このサウスウエスト航空のスタッフの行動は衝撃的でした。

サウスウエスト航空の客室乗務員は、そういうふうに教育されているから、お客様の喜ぶことに関しては生半可ではなかったのです。

ということで、どういうことをしたのかというと、機内の座席上の荷物入れに、ミニスカートの客室乗務員が隠れていて、お客様が荷物を入れようと扉を開けると、中に隠れていた彼女たちが頭の上から「ハーイ」とやってお客様をおどろかすわけです。

お客様は最初はびっくり仰天しますが、まわりのお客様と一緒に笑いだしてしまうわけです。常連客からすれば、次の便ではどんなサプライズがあるか興味津々となるし、この「サービス」を友人に話すことはまちがいないでしょうね。

今では、「SNS」が普及してあっという間に世界中の話題になるでしょうが、当時は口コミでの情報がひろまったようです。

さて、そうは言っても、「これは何!」「悪ふざけ?」と疑問に思ったり、中には怒る乗客もいたはずです。では、このサウスウエスト航空では、このお客様からのクレームに対してどう対応したのでしょうか。

この種の「クレーム報告」は、わが国の航空会社と同じく担当部署に上げられますが、専門のクレーム係がいて、何月何日の何便、機長は誰で、チーフパーサーは誰など、どのクルーで飛んだかを確認します。

そこで当事者に、「お客様から機内がうるさくて寝れないというクレームがきているんだけど、何があったの？」と聞くわけです。

一般的に日本の航空会社と違って、一方的に受け入れてしまう頭越しのクレームではなくて、まず当事者にその時の状況を聞くだけなんです。

「あなたはその時どうしたの」

「じつはあの便に新婚旅行のカップルが乗っていたんですよ」

「なるほど、それで？」

「その二人を、乗客の皆さんと祝おうとして、客室乗務員がハッピーウエディングのオール・ユー・ニード・イズ・ラブを歌いましょうとやりました。乗客の多くも参加してくれました。それで、お客様のうちのどなたかがが眠れなかったとおっしゃっているんではないでしょうか」

そうすると、その担当係員は再度確認して、「君は会社の方針に従ってやったんだよな。大多数の人は喜んでくれたんだよな」

「はい、新婚旅行のお客様はものすごく喜んでくれましたし、周りの乗客も協力してくれました。とてもいい雰囲気でした」

「了解です。それは、グッドジョブ！　いいことをしたね」となります。


日本の航空会社だったら大変でしょう。

二人のお客様のためにそんなことをしたら、他のお客様方が迷惑をするはずだ。

「何故そんなことをした！」「余計なことはするな」となってしまう。

上からそんなダメ出しが出れば、搭乗スタッフはすぐにやる気をなくしてしまう。

そこが、サウスウエスト航空は違うんです。

社長自らが、大多数の人が喜ぶことならどんなことでもやれと普段から言っている。

その指示に従ってやっただけということになります。

そして、社長自らお客様に対してこんな手紙を書くわけです。

「わが社では、新婚旅行やバースデーに乗ってきたお客様と一緒に、喜んでもらえるようにやるというのが、わが社の方針でございます。誠に申し訳ございませんが、もし気に入らないようでしたら他の航空会社をご利用下さい」

こんなことは、日本の企業ではまずできない。


もう一つ、サウスウエスト航空がやっていたのが、社員同士の「いいつけ制度」というものです。「いいつけ制度」っていうと、通常日本では、悪い意味に取るでしょう。じつはちがうんです。「社員同士のトラブル」は会社としては受け付けない。ここでは、社員は皆仲間で家族のようなものということになっていました。

そんなことなので、職場の同僚同士は腹を割って、何が悪かったのか、何がいけなかったのかを、お互いに納得できるまで話し合い、時には、喧嘩をしてでも解決しなさいということになります。

採用する時に、同じ目的を持った人間を面接して採用したんだから、必ず信じあえるはずだ。

お互いがこだわった結果、異なるポジションからクレームが出たらどうする。それも、社員同士から出たクレームだから、自分たち同士で解決しろ、当事者でやれ。

そういうのは会社は介入しない。

結果として、お互い他部署の仕事の理解が進み、「雨降って地固まる」で絆も強くなっていきます。

これが経営者、会社側の原理原則でした。

それでは、「言いつけ制度」とは何かと言うと、「良いことを言いつけろ」ということです。そういう「言いつけ」ならば、会社側は受け付けるということです。

たとえばこんな事実が「言いつけ」られるわけです。

後述の「行動力と柔軟性」（91頁）で紹介されている出来事がその一例です。

その時の客室乗務員の行動は上司によって「報告＝言いつけ」られたのです。

その「言いつけ」情報を経営者側がプールしておいて、半年に一回、社員でパーティをして、良いことをした人を社長が直接表彰するわけです。

これは、日本でも「アワード制度」っといったものが存在しますが、ただ、日本のアワード制度は各種団体や企業が主催するもので事業に貢献し、周囲の模範となる社員やチームなどを表彰しています。

自分で言うのもおこがましいですが、私の「いいと思ってやっていたこと」は、色々なリスクがあり、個人の負担が大きいので誰にも真似できなかったのです。

もし、私のやっていたことを、会社が表彰して、同じことを他の社員にやれと言ったら、総反発を食らうだけです。労働組合からも業務範囲を超えているときっと反発を食らったでしょう。

余談ですが、

家内に、「あなたが、サウスウエスト航空に入社していれば、きっと出世したわね！」「でも、今の日本の航空会社ではあなたは駄目ね！　クビにならない様にしてね！」と言われたものです。

だから、サウスウエスト航空では、それだけ経営トップの社長自らも確固たる意志を持っていて、クレームが出て、納得をしてくれないお客様がいるのがわかったら、そういう人には社長が直接手紙を書くわけです。すごいことですね。

▼サウスウエスト航空の訓え：面白おかしメール

１９９２年発行の社内報には、コリーン・バレットが、プロフェッショナリズム、楽しみ、ありのままの自分であることについて、率直な意見を載せている。そう、お客様からお叱りの手紙をいただくこともあります。機内放送で冗談を言ったり、お客様と一緒に楽しんだり、ふざけたりするのは、他の航空会社には見られない趣味の悪いお遊びだというお叱りです。

しかし、これはほんのわずかな声です。毎月、まさに何百通もの手紙に書かれているのは、もう一度楽しい旅行をさせてくださいという励ましの言葉なのです。もちろんお叱りの声があれば、現場の状況を見極めるために、関係している社員には報告書を提出してもらいます。しかし、その社員が会社から求められた任務を果たしたのだと分かれば、

――たとえば、創造力を駆使し、個性をはっきりしていたのであれば――そして、それが悪ふざけでなかったのであれば、お叱りをいただいたお客様にご返事を書きます。

――私たちは社員を100パーセント信頼しており、個性と創造力を持ってお客様に接するように指示しているのは、ほかならぬサウスウエスト航空なのです――。

常識的に考えれば、大企業の社長からの手紙となるとけっこうハードですよね。

そこでのコメントは、「わが社の従業員をバカにしないでください」というわけですからね。

それでも、サウスウエストのやり方が気に入らなければ、「どうぞ他の航空会社にお乗りください」とまで言ってしまいます。

社長自らが表に出てしまう。私が思うに、社長以下の役員の人たちが立派なんですね。その情報をしっかり吸い上げて、社長の耳にしっかり事実関係を伝えているからです。

最後は、社長から直接お客様に手紙を書いて説明し理解を得るための行動をします。しかし、それでもダメな場合は、「社員を最優先に考える」ことになるわけです。

それだけに、このサウスウエスト航空の従業員のやる気は本物です。今日は戦闘服でやろうかっていったら、戦闘服を準備して、みんなでやるわけです。

だから、私が言っていた、「ディズニーランドに勝つ航空会社」ではないけれど、そういうことを、その場で、誰かがやろうといって、みんなが賛同したら、パッとできる権限を職場に与えてるわけです。

すごい個性が出せますし、従業員のモチベーションは上がります。

さらに、プライベートでも情報を集めていて、某従業員のお母さんが入院したのが分かると、そのお母さんに社長から「お母さん、早く元気になって退院して下さい！サウスウエスト航空のみんなが待っていますからね！」と励ましの手紙が添えられた花束が届けられたりします。

大学受験に合格したら、その子供に社長から「○○大学入学おめでとう！　しっかり勉強して4年で立派に卒業したら、サウスウエスト航空が待っているよ」などとメッセージが送られます。

▼サウスウエスト航空の訓え：行動力と柔軟性①

サウスウエスト航空が素早く対応できるのは、従業員に大きな信頼を寄せ、仕事をするために必要な自由と決定権を与えているからでもある。

空港所長は業務上の大きな責任を担っている。それぞれのステーションは独立した企業のように機能しており、空港所長はステーションを統率すると同時に、サウスウエスト航空の企業文化を守り育てる責任がある。

これこそ、私が言うところの「ディズニーランドに勝つ航空会社」に一番近い会社かもしれませんね。

こんな出来事があります。これはもうディズニーを超えた完璧なホスピタリティといえるでしょう。

これは、サウスウエスト航空のある客室乗務員の実話です。

彼女が勤務する便に、87歳の老婦人がお客様として搭乗していました。ところが後ほど分かったのですが、途中の空港で接続便を乗り違えてしまい、この老婦人は違う目的地まで来てしまったのです。

しかも、もう引き返す便はありませんでした。そこでこのお客様のために、空港所長は会社負担で当地のホテルを確保しました。

ここまでは、日本の航空会社でもやっていると思います。（但しホテル代金はお客様負担かも知れません）

しかし、ここからがサウスウエスト航空社員の本領が発揮されます。この老婦人が高齢のうえ糖尿病であることを知った彼女は、このお客様を自宅に連れて行って、その夜は一緒に過ごしたのでした。

その間、老婦人の家族に連絡を取り、事情を話したうえ空港までお連れすることを伝えました。翌朝には、予定通りこの老婦人を空港まで送り届け、目的地までの便に搭乗させたのです。

このような客室乗務員の行動は、当然ながら職務で求められている以上のことでした。しかし、サウスウエスト航空の経営者は、この客室乗務員の上司からの報告を受け、「このような素晴らしい行動をする従業員がいることは、わが社にとってとても幸運なことである」として表彰したのです。

▼サウスウエスト航空の訓え：行動力と柔軟性②

サウスウエスト航空では融通の利かない就業規則や業務規定は廃止され、各人が〝公式の〟責任範囲を超えて自主的な判断で仕事を進め、飛行機を定刻通りに飛ばすことに全力を尽くす。

従って従業員は必要とあれば、職務に関係なく互いに助け合うことができる。その結果、業務全体が柔軟になる。

従業員は、必要なことには何にでも意欲的に取り組む。整備士やパイロットは自分の判断で、ランプ係の荷物の積み込みを手伝うことができるのだ。

悪天候のためフライトが遅れているときには、パイロットが乗客の車いすを押したり、搭乗券のチェックや客室の掃除を手伝っている姿がよく見られる。

すべてこうした行動は、状況に対応する独自のやり方であり、少しでも早く乗客に搭乗してもらうための努力なのだ。

このようなサウスウエスト航空の行動規範の影響を受けた私の行動を紹介しましょう。機長である私は、ＡＮＡ全日空はもちろん、日本の航空会社では考えられないこんな行動をとったのでした。その根拠となっていたのは、機長になってから、約1万8千人以上の人々から飛行機に乗る時の不安を聴取していたものでした。

そのひとつが、私の機内入り口付近の掃除です、チーフパーサーで嫌な顔をする人と、喜ぶ人と、二手にわかれました。アナウンスを始めた時と同じで、何か違うことをやると、批判する人と褒める人、必ず二手に分かれるんです。

自分にできないことをやる人を褒められるのは、人生に余裕がある方なんだと思います。余裕のない方は、やっぱり素直に褒められないんですね。

だから、そういう余裕のある人、他人を褒められる人に、できたらなりたいですね。

私が掃除をするのは、時間的余裕があって、フライトの際に二人で組む相棒（主に、副操縦士）の力量がすぐれていて、安心して任せられると判断できる場合に限りました。

また、機長の制服を着て、お客様がいっぱいいるところで、ゴミを拾い回っていたら「この飛行機（というよりもこの機長）大丈夫かな？」って別の意味でお客様を不安にさせてしまいそうですので、極力見られていないところで拾いました。

私が一番気にしていたのは、飛行機の入口付近の、ドアが締まるところあたりの清掃です。飛行機の中は綺麗に掃除をするのですが、あの入口の辺りは死角で、たくさんいろんな人が出入りするから、あまり掃除ができないのです。

多くの人が通っているため、ポータブル掃除機で絨毯をごしごしやるものだから、よく見るとそのあたりの隅には絨毯の毛玉カスがいっぱい溜って、それが溝のところにはまっていました。それで、ドアを閉めたときにロックする爪がある両側の床の隅が真っ黒になるほど溜まっていたんです。

私は、弁当を食べた割り箸を乾かして飛行カバンのサイドポケットに入れてたくさん持ち歩くようにしていました。割り箸は木だから、メカニカルな部分を傷つけません。

それでこすると、ウワッーって一杯ホコリや汚れが出てきて、掃除するのにちょうどよかったのです。

それをやっていると、そばにいる整備さんや、ＰＯさん（ボーディングブリッジを操作する方）が、こんな年寄りの機長がやっているので、「ああ、私がやりましょう」とやってくれるようになりました。

それは非常にありがたいのですが、彼らは私がやっているからやるだけで、私がいないところではやりません。当たり前の話といえば、当たり前なんですが、私は私のいないところでもやってもらいたかったのです。

そのために「こういうところが汚かったら『こんな汚い飛行機、ちゃんと整備しているのか？』って言われたお客様がおられるんですよ」と話すのですが、それでも彼らは「ああ、そんな神経質なお客様もいるわな」で終わってしまいます。

だからその後に、

「そんなお客様は、離陸前までに気分が悪くなって、不安になって倒れることがあるんです。そういう方がいるんですよ」と言っても、まだピンとこない。さらに、

「毎年、50人から70人くらい、お客さんの体調不良等が原因で戻ったり、途中の空港に降りていました。そのうちの約7割が離陸前までなんです。そういうお客様は、機内が汚くて不安に思った後で、ドアが締まると逃げられないと思い込み、それで誘導路の走行中に路面が悪く、ガターンと訳のわからない音がすると倒れたりしたのです」

「そうすると、あなたの仕事がまた増えるでしょう。飛行機が戻ってくる訳だから、整備士さんはまた来なきゃいけない。そして、点検や燃料を入れ直ししないといけないかもしれない。ボーディングブリッジを操作する人も、またブリッジを付けなくてはいけないわけですね。そういうことで、お客様のためとか、会社のためとか言う前に、自分のためにやっておいたほうがいいね！」

ここまで言うと納得してくれて、私がいない時でもやってくれました。

イエスキリストやガンジー、マザーテレサのような聖人なら別ですが、なかなか、普通の人は万人のためには尽くせません。でも、自分のためになると思ったら、できるんですね。

ただ、もう一つ教えなくてはいけないことがあります。

「忙しい時はダメですよ。余裕のある時にやってください」

こう言っておかないと、忙しい時にもここの掃除をしていて、

「邪魔になるだろう！　お前、何をやっているんだ、お前の仕事はこんなんじゃねえんだぞ」と先輩に怒られてしまいます。

そうすると、せっかく良いことをやっていても、もうやらなくなってしまいます。

だから今の若い人たちには、過保護なようでも、どういう時にやっていいか、どういう時にはやってはいけないか、そこまで教えなくてはいけません。

そうやっているうちに、私が乗務していたＢ７６７はＡＮＡには60機ぐらいはあったのですが、だんだん、この飛行機の入り口付近が綺麗になってきました。

でも、またゴミはたまりますから、掃除している人にも「最終便の時には、ここを掃除してくださいね」とお願いしていました。

それは、私が綺麗好きだからではなくて、私のデータから言ってもお客さんが、「飛行機を怖い」と感じる可能性のあることをできるだけ削除していきたい、そのためにやっていたことなんです。

▼サウスウエスト航空の訓え：資産を大切にする

サウスウエスト航空の従業員は、経営者としての誇りを持って行動しているのだということをよく口にする。パイロットたちも、毎日の業務が利益分配に影響することを厳しく自覚している。目的地まで乗客を運び、安全を追求する優秀なパイロットというだけではない。自分の仕事が会社の収益に大きな影響を及ぼすことを意識している経営者なのである。

だからこそ、常にコストを削減し、顧客サービスを犠牲にすることなくオペレーションの効率を上げる方法を自主的に模索しているのだ。「サウスウエスト航空のパイロットは、空港内と空の近道を知り尽くしていると思うね」

シック・ラング機長は言う。

「それぞれの空港の運営についてある程度知っていれば、少しでも早く着陸するには、どの滑走路をリクエストすればよいか判断できるんだ」サウスウエスト航空のパイロットたちは毎日、直接的な航路、効率のよい高度をリクエストする。少しでも速く飛び、少しでも燃費を抑えるためだ。

この種のリクエストが多いので、航空管制塔ではサウスウエスト航空のパイロットを「リクエスター」と呼んでいる。

すごすぎますね。これはもう会社のためというか、自分のために頑張ろうっていうことになりますね。

これも自慢話になりますが、このラング機長のように私もフライトをしていました。

以下は、私が「効率の良い」仕事（笑）をしていた時に搭乗されていたお客様のブログですが、紹介させて頂きます。

●お客様のブログより●

もう少し天気がよければ街中を歩いてみてもよかったが、残念ながら雨は止みそうになかったので空港まで移動してしまおう…中途半端な時間のためかバスはがらがらの貸切状態だ。富山空港に来るのは二度目、ちょっと遅いお昼でもとりながら時間をつぶすことにする。

何気なく運行状況を調べると…ありゃぁ、東京からの便は視界不良で引き返し、あるいは小松へダイバートの可能性あり、という条件付きらしい。とにかく、足止めだけは勘弁願いたい。

ラウンジに入ってしばらくたつと、心配していた東京からの便は無事到着したというアナウンスがあった。早速手続きを済ませ、いつものように乗り込むと意外と席は埋まっていた。B767という比較的大きな機種だったが、着席率は悪くない。ほぼ定刻でドアクローズすると、早速機長の挨拶が入る。

「お休みの方には大変申し訳ございませんが、機長の山形がコックピットよりご挨拶いたします。優秀な地上のスタッフと皆さまのキビキビとした行動のおかげで無事定刻に出発の準備が整いましたが、東京・羽田管制の指示で出発をしばらく見合わせております…」

なんだかよくしゃべる機長さんねぇ～、う～ん、確かに!!　となりの席のおばあちゃんも異変に気が付いたようである。

ANAにそういう方がいらっしゃるというのはどこかで聞いたような気がした

が、単なるウワサか、都市伝説くらいにしか気にとめていなかった。

ところが…どうやら、その伝説の機長にあたったらしい。(天の声：帰宅してからあらためて調べてみましたが、あちこちで紹介されていました。

細かいことは思いっきり省略しますが、「ANA山形機長」と検索してみてください。ファンサイトまであるようです)

「地上の灯りは春を待つ花々のよう」だとか、「自分のところの全日空のスタッフを世界一優秀だ」と言ってみたり、でもそれが嫌みじゃなく絶妙な喋りが何とも客の心を掴んでいるようだ。

「天使のいたずらにより時折揺れることがあるかもしれませんが、ぜっ……………たいに安全ですので、どうかご安心ください」

この5秒くらいの合間も決まり文句らしく、単に面白おかしく話をしているだけではなく、完璧なパニックコントロールだったというのもあとで気が付いた。

でもって、サービス精神以上にすごかったのはその技術。最近、すっかり飛行機マニアと化している自分も偉そうに書いているが、今回ばかりは久々に興奮を覚えた。

冬の富山空港といえば、欠航率も高くいわゆる難所 。この日も降りられない可能性があったのは既に書いた通りだが、オンタイム到着、折り返しの羽田便もほぼ定刻でドアクローズ…と、ここまでは、ふ～～んと言ったところ。

Ｂ６という大きな機種なのに、いきなりスタンディングテイクオフ気味に、スタート位置でエンジン出力を上げ、パッとブレーキをリリース、一気に加速してスーッと上昇、悪天候の中を少しでも安定させて抜けようとするのが想像できる。

と、ここまででも、へぇ～～やるじゃん！　くらいなのだが、本当に驚いたのはそのあと…。水平飛行に入って再び名物のアナウンスが始まり、途中から耳を疑うような発言が…。

「今日の羽田は横風が強くハンガーの影響で気流が乱れ大きく揺れるかもしれな

いので、隣の離陸用の滑走路をリクエストしてます…」って、

ええぇぇ!!　まさかC滑走路の34R（当時は主に離陸用）を着陸に使うってこと??

確かに機長の判断でリクエストしてもいいことにはなっているが、まだ離陸機も空いてもない混雑時にそんなのアリ?　って感じだ。本当かな?　って半ば疑っていたが、上から見る海ほたるの角度がいつもと違うのが何となく分かった。

機内のスクリーンを見ても間違いなくC滑走路めがけてアプローチしている。最後に、来るぞ、来るぞ…って感じでタッチダウン。路面のコンディションが悪かったせいでブレーキングでかなり振られたが、機体をうまく抑え込んで減速。

実は、管制から航行速度の減速を指示されていたとも言っていたが、オンタイムでいく、と妙に自信ありげでどこに勝算があったのか?　と後で考えてみると、34Rに降りたおかげで目の前はANAのある第二ターミナルなのでタキシングしている時間は最小。

おまけに出口に近い60番スポットに入れましょう！　というわけであっという間にスポットインという段取りが成立した。

そこのけ、そこのけ…と言わんばかりに離陸機を蹴散らすのも気分が良かったが、管制も山形機長だということがわかっていたのだろうか？

おかげでこんなコンディションにもかかわらず6分の早着となった。

しばらくして考え直してみると、あとから気づくことばかりで、そういうことだったか…と舌を巻くばかりだった。いやぁ、あっぱれ!!

こんな専門的な知識を持ったお客様がいらっしゃるんですね、驚きました。

▼サウスウエスト航空の訓え：地域社会への貢献

サウスウエスト航空は自らの家族的気風を忠実に守り、同社が運航している地域の人々から「わが町の航空会社」と呼ばれることを心から願い、この目的に共感する従業員が、これまで以上に地域社会のために活躍することを望んでいる。

それが企業の正しいあり方であると同時に、社会奉仕の精神でもあると確信しているからだ。企業が地域社会の市民権を得られるかどうかは、多くの場合、その行動が適切であるかどうかにかかっている。

適切な行動——道徳律を守ることと言ってもいい——とは愛の実践に伴う副産物にほかならない。と同社は考えている。ピーター・ブロックの言葉を借りれば、愛は「自己の利益を超えた奉仕」を選択する。

愛は力を用いて人々に奉仕し、富を用いて奉仕能力を拡大するのである。サウスウエスト航空がよき市民としての企業という立場を大切にしてきたのは、単にそれが適切な行動だからというだけではなく、地域社会に何か恩返しをすることが最も愛の実践にかなっているからだ。

ゲイリー・バロンは同社の地域社会奉仕活動への取り組み方をこう説明する。

「たいていは、まず小さな地域からスタートするのです。わが社の従業員は地域に何かが起こると、直ちに行動を起こします。誰かが招集をかけ、『こうしよう！』と提案する。それだけです」

それに続いて、地域社会のために思いやりと愛を実践する具体的な方法が検討されるのだ。

この章の最後にあたり、あの〝サウスウエスト航空のOMOTENASI〟を凌ぐ、日本の航空会社の未来の姿を紹介してみたいと思います。

▪「究極のエアーライン」―ディズニーランドに勝つ航空会社の登場

これからは、LCC（ローコストキャリア）等が路線を増やし、ますます競争が激しくなってきます。航空業界で生き残るためには、安全、定刻、快適、だけでは難しいでしょう！　それを打破するには、お客様に、乗って良かったと思って頂けるような付加価値のある運航がこれからは求められるのです！

どんな事業でも同じだと思いますが、リピーターを如何に多くするかです。

航空の場合はマイレージ登録でお客様の囲い込みをやってきましたが、航空会社にとっても、維持管理も含め将来への負担の増大となっています。

また、お客様もマイレージでの特典よりも、遙かに安い料金だと煩わしい計算や手続きも必要なく、料金が安いという方を選んでいくでしょう。

日本のＬＣＣも当初は、危ないのではないだろうか？と避けていたお客様も、墜落してお客様が亡くなるような事故がない（平成29年11月現在）実績を作っていくので、そちらに流れていくのではないでしょうか？

ＡＮＡホールディングスはＬＣＣもかかえていますが、従来の路線構成では、国際線に重きを置いているようです。ファーストやビジネスクラスのグレードアップは競争力を上げる効果はありますが、過去の例を見ますと、サーズや鳥インフルエンザ、火山、戦争、政治問題そして世界経済の影響を直接受けます。

そのような時に持ち堪(こた)えるには、国内線のお客様を如何につなぎ止める、否、如何に増やしておくことができるか！　残念ながら、ほとんどエコノミストは、ＬＣＣと新幹線の延伸、人口の減少に国内線は悲観的な展望しか持ち得てないようです。

さてここからが、私「名物機長」の夢物語となります。「夢は実現する」ことを信じてご紹介しましょう。

――ディズニーランドの唯一の欠点は移動できないということです。お客様が自分の時間とお金を使って、ディズニーランドまで行って、帰らなければなりません。それでも通うということはスゴイことですが、飛行機はお客様の行きたい所へ飛んで行けます。

その移動の間が、ディズニーランド程ではなくても、楽しめれば、ディズニーランドに勝てるのです！

ここから未来の航空会社の姿です。当初は、リゾート路線にファンタスティック便を運航します。

具体的には、お客様が予約を入れると「当たり！」が出ます。ただし、全員ではなく約50人に一人です。当日、空港にちょっとワクワクして行くと、その便だけ、〝鳥居〟のようなゲートがあるファンタスティックゲートでチェックイン、そこに待ち構えているスタッフは、キャラクターの着ぐるみを着て出迎えます。

勿論、記念撮影もＯＫです。

キャラクターは「ディズニーやユニバーサルスタジオと交渉」して、相手も宣伝になるメリットがあるので、キャラクター使用料は無料の対等な契約ができるようにします。万が一それができない時は、オリジナルのキャラクターを作って使います。

そのスタッフは従来通り、ハンディキャップや子供連れ、余裕があればご年配のお客様等をゲートまでお連れします。ゲートまでに行く途中、スタッフが愛敬を振り撒いていけば、他の便のお客さんへも宣伝になります。

当該便の出発ゲートは既に、大変盛り上がっています！　なぜなら、大道芸人が芸を披露しているのです！　搭乗開始の時間が来たら、ゲート担当者がお客様の後ろから、ボード等で後何分！　と出します。

遅れる時は、その時間を追加で知らせます。ほとんどのお客様は遅れにもイライラせず、大道芸人の芸に魅了されています。

空港ビルディングの許可が必要かも知れませんが、お客様からの心付けを貰っても良いようにします。

それができないなら、恵まれない子供たちへの寄付として集め、集まったのと同じ金額を大道芸人の基本給に追加して、航空会社が支払うようにします。

そうすると、大道芸人の芸がすばらしければ、心付けも増えると思うので、当人たちもがんばります！

そして、ゲートのチェックインが始まると、50人に一人ぐらいで、ピンポーン！と音が鳴り当たりを知らせます。係員は、すかさず、

「当たりました！　おめでとうございます！　後ほど機内で客室乗務員がお渡し致します！」

ＰＯさん（ボーディングブリッジを操作する係員）も着ぐるみで、お客様に挨拶と注意事項を説明、搭乗機では、客室乗務員が頭に、キャラクターの被りものをしてお出迎えです。


その後、上空でベルトサインが消えたら、当たったお客様の所へ行き「お客様！おめでとうございます！」とプレゼントを渡します。長い路線で、揺れ等がなく、余裕があるようでしたら、アナウンスで、

「外れたお客様にも、もう一度チャンスがあります！　ビンゴをやりましょう！」

と、参加者をつのり、無料か有料なら一枚１００円位で、参加者にビンゴカードを配ります。

プレミアムの一部のお客様が、お休みになるようでしたら、長距離に使用する機材と同じ機種はアナウンスがゾーンごとに分けれるので、エコノミー席のみアナウンスしてから、プレミアムのお客様には個別に聞き、参加される方は、空席のエコノミー席か、満席時にはＣＡシートにて参加して頂きます。

もちろん、キャプテンも究極のアナウンスで参加します。出発時、ドアが閉まると、元気な声で、

「皆さま！　こんにちは！　機長の山形です。本日はＡＮＡファンタスティック便！にご搭乗誠に有難うございます！　……」

と、入れます。必須ではありませんが、余裕のある時は、上空、景色の良い所や、降下前に適時アナウンスを入れます。ゲート到着後にも、

「本日もＡＮＡファンタスティック便にご搭乗有難うございました！　操縦席から手を振ってお見送りさせて頂きます！」

とアナウンスして、最後の一人まで、アイデンティティーをとりながら、手を振ります。きっと、ほとんどのお客様が手を振って降りて行かれるでしょう！――

後は、最後の出口付近に搭乗記念スタンプを設置し、着ぐるみを着た地上の世界一フレンドリィなスタッフと記念撮影など、最後まで丁寧に対応すれば、きっと、お客様、特に家族連れのお客様にはまた乗りたいと思って頂けるでしょう！

付加価値を付けるコストをできるだけ抑えて、従業員のモチベーションも上がり、LCCより高い運賃でも、搭乗したお客様の満足度も得られるはずです。

ご搭乗頂いたお客様に口コミやインターネットで宣伝して貰えれば、高い宣伝料など必要なく、自然と新しいお客様が増えていくのではないでしょうか。

問題は、どの航空会社（もちろんANAであってほしい）が最初に実行するか？

評判が良いと、真似をする会社も出てくるでしょうが、元祖にあぐらをかくことなく、社員からの声を取り入れて改善し、常に先を行く航空会社が生き残るのです。

ここで、日本のサウスウエスト航空になりうる航空会社を紹介します！

その航空会社は、２００８年６月24日に設立、富士山静岡空港を拠点に誕生しました。

その社名は、まさに日本の象徴の名前をとった「フジドリームエアライン」です！

２００９年７月23日から運航を開始しました。

使用機種は、エンブラエル１７０ー「１、２、４号機」（76席）

エンブラエル１７５ー「３、５～11号機」（84席）

エンブラエル１７５をさらに３機発注済み（２０１７年６月）

同じ機種のみを使用して、全て色違いのカラフルな塗装で飛行しています。

サウスウエスト航空と同じく、離発着空港を静岡空港や名古屋（小牧）空港などの大手エアラインが就航しにくいローカルの空港をベースに路線を拡大中です。

ただし、運賃については、大幅な早期割引などで努力していますが、着陸料や燃料費など、米国と比較にならないくらい高い経費負担があり、ＬＣＣとしての格安運賃には限界があるようです。

米国では大都市の郊外に、大手エアラインが就航していない無料駐車場付きの空港がたくさんあります。

日本では、岡山空港など駐車場が無料の所も一部ありますが、そのような空港が非常に少ない中での航空旅客の増加目指さして、収益を上げなければなりません。

注目すべきは、経営本体が２００年以上の歴史を持つ老舗企業「鈴与株式会社」であることです。鈴与グループには、これまで脈々と息づいてきた「共生（ともいき）」という言葉があります。

「共生」の歴史は、１９２２年（大正11年）に椎尾弁匡（しいおべんきょう）師（１８７６〜１９７１年）が起こした「共生運動」にさかのぼり、その基本的な考え方は「１つの個を大事にしていく。そしてこの個が本当に自立をし、自分自身で生きていく中から他との共生が生まれてくる」というものでした。

具体的には、「会社がひとつの企業として自立し、また、社員一人ひとりも個々の社会人として、真に自立し、社会活動を営む中で、我々と地域社会、お客様、お取引先様、そして社員相互間を結びつける精神的な基盤となる」というものです。

今後も、「共生」の精神で、社会に、そしてお客様に信頼される企業であることを目指している素晴らしい企業です！

フジドリームエアラインを日本一の航空会社に‼

以下は当日、皆さんを前にお話しした内容です。

――少し脱線しますが、昨年フランス料理に携わる人たちが所属する、トック・ブランシュ国際倶楽部の定期総会で、約３００人のトップシェフにお話しさせて頂きました。

その時、シェフの皆さんに、「どうせ目指すなら、日本一のシェフになりましょう！

豪華な食材を使い、立派なレストランで、素晴らしいスタッフと一緒にコンテストで一番になるのもいいでしょう。

でも、千円、2千円、5千円の料理でも、それを召し上がったお客様が、今日は日本一幸せな時間を過ごしたと思えるような、料理でおもてなしをできるシェフが、日本一なのです」

ご搭乗頂いたお客様に、日本一良かったと思って貰える航空会社になるためには、当然のことながら、経営トップとしての覚悟が必要です！

日本社会では大見えを切ると受け入れられない面も多々ありますが、一番大切なことは、顧客より従業員が一番だと言うことです。日本では残念ながら経営者がそれを全面に出すと、パッシングを受ける可能性が大きいですが、問題は働いている従業員が常にそれを感じる職場にできるかどうかです！

そうすれば、鈴与グループの方針、「共生」が従業員やお客様に伝わっていくと思います。勿論、労働条件（勤務時間、賃金、福利厚生）も重要ですが、職場でたとえ間違ったとしても、自由に物が言えて、そのことを皆で話し合える雰囲気です。

皆が大切だと思ったことが経営トップまで伝わる組織であることが肝要です。

サウスウエスト航空のところで述べましたが、「言いつけ制度（悪口は受け付けない）」によって「良いこと」をした人を、職場の仲間が会社の専用窓口に報せる制度です。

半年ごとに、職場の仲間を集めて、言いつけられた内容を披露して、社長表彰のパーティをやっていました。賃金の一部を、会社の株式で支払っていて、従業員が株主ですので、自然に仕事を頑張れば、会社が発展してその恩恵を、増資や配当で得られるのも励みになりました。

経営トップは現場主義を徹底して、職場に権限も与え、「安全と定時性が守れる」のであれば、会社の方針「（大多数の）お客様を喜ばせる」で規定に縛られることなく、各自の判断に任せられました。

一部のお客様からの、クレームには、そのお客様にご迷惑をかけた内容を把握した上で、担当者からその時の状況と、「会社の方針」に沿って当該従業員がベストを尽くしたことを伝えました。

それでも、納得しないお客様には、経営トップ（社長）から「経営方針」を伝える手紙を出しました。

従って、フジドリームエアラインが安全と極力定時運航を守りながら、お客様に喜んで頂けるようなことが従業員の自発的な発想でできて、またそうすることによって、従業員自身も幸せな気持ちに自然となっていくようになれば、お客様満足度ナンバーワンの日本一の航空会社にきっとなれるはずです！

目指せ日本一‼――

第4章

町田宗鳳師の訓え

▼私の生き方「自分流」

パイロット人生の当初は、決められたこと以外に何かをする時は、すべて同じように対応することが公平になると思っていました。

長距離国際線を乗務するようになった時に、乗務中にも休憩時間があり交代要員の機長もいたので、機内でお客様に挨拶をしようと思いました。

ただし、休憩時間が限られているので、ファースト、ビジネス、エコノミーのお客様全員には無理なので、ファーストのお客様から、できる範囲で、クラス別に、その日の天候を含めた運航状況、自分の体調、休憩時間と搭乗人数を勘案しながら、挨拶を始めました。

私個人は、お客様全員に公平にという想いはあったのですが、現実は資本主義の世の中ですから、「ご贔屓」のお客様にはより良いサービスをする、これも当たり前です。

私はマニュアルになくても、自分が責任を取れる範囲で、「できることからやっていく」と決めたわけです。

誤解のないように申し上げれば、私生活では、お会いした方の職業や地位に係わらず、できる限り公平な対応をしているつもりです。

アメリカでのテロ発生以来、現在はできなくなりましたが、当時は操縦席の見学が機長の許可があればできました。

私は〝ウェルカム〟でしたので、お客様からのご希望があれば、エコノミークラスのお客様であろうと、ファースト、ビジネスクラスのお客様と同じように見学して頂き、記念に絵ハガキなどにサインを入れてお渡しするなど、全く同じ対応をさせて頂きました。

私は副操縦士として10年間勤めパイロットとしての経験も積みましたが、同時に労働組合運動も中央執行委員として先頭に立ってやりました。

団体交渉などで、若手側として、大先輩のパイロットたち、会社側の経営者たちをきびしく追及したものです。

若気の至りで、今となっては大先輩や経営者の皆さんに大変失礼なことも言ってしまったと反省しています。

ただ、その場で大見えを切って発言した理想を、実際に自分が機長として実行しなければ、口先だけの人間になってしまうとの思いが強くありました。

そこで、自分なりに、過去の世界の事故例を誰よりも多く学び、短い時間しかない中で、客室乗務員へは他の機長がほとんど行わない、保安に関するブリーフィングもやりました。

子供時代から好奇心が強かったこと、実家が「京染・洗い張り・湯のし」悉皆屋(しっかいや)の商売をしていたこと、これらが原点にあるので、自分ながら相手に喜んでもらうことにすごく喜びを感じる人間でした。

ただ同時に、余計なことをし、どうしてもお節介をしてしまう人間でもありました。

好意とお節介、その境界線がすごく難しいのです。

人間は本来、他人に喜んでもらいたいという気持ちを持っていると思うんです。それが、何物にも代えがたい幸せになってきます。

私の作成した日めくり、『名物機長のつぶやき「空　高く」』にもありますが、「人の幸せは、どれだけ多くの人に、感謝したか、感謝されたかで決まる」です。


仕事も同じだと思います。

たとえば駅のトイレ掃除している人は、誰が使うか分かりませんが、ここのトイレはいつもきれいだな、誰かが掃除をしてくれているけど有難いな、と感謝されていることを信じてほしいと思います。

最近、私が利用する駅の公衆トイレは古くて、お世辞にも設備が良いとは言い難いですが、隅々まで掃除がしてあり、いつも一輪の生花が空き瓶に活けてあります。

同じ仕事をしても、人によって差が出るのは、働く人のその仕事に対する意識の違いだと思います。

人間は、ある目的をもって死ぬまで頑張ることができれば幸せだと思います。

私もパイロット歴44年の経験をベースに、講演や書籍の執筆を通して、皆さまに少しでも参考になる生き方をお伝えできればと思います。

現在は、それが私の人生の最終的な目標になっているわけです。


あるロータリークラブでお話をさせて頂くことがありました。

打合せを、役員である立派なお寺の住職とした時に、私が「夢　実現」と言う題目でやりたいと提案したところ、その住職は「ロータリークラブの皆さんは既に夢は実現された人がほとんどだから、別の話にしてはどうか？」とおっしゃいました。

私はその時、大変僭越ではありますが、

「夢というのは実現したとたんに、夢ではなくなります。大きな夢を実現されたことはすばらしいですが、この先、過去の栄光にだけ浸って人生を生きていくのが幸せなのでしょうか？　夢が実現したら、また次の夢に向かって邁進して、死ぬまで夢を持ち続けるのが幸せなのではないでしょうか？」

と申し上げました。

そうすると、この住職にも納得して頂けました。

人生において、死ぬまで「遠い目標（夢）と近い目標」、この二つの目標を持てる人は幸せです。

途中で変えてもいいですから、今の時点ではこう、最期はこうありたい、と思えるものを持ちたいですね。

ただし、夢を実現するには、どんなことでも良いので「好きなことを見付けて、限界まで努力すること」が重要です。但し、無理をして身体を壊さない、家族、親友を捨てない、最低限の社会のルールを守る、これを忘れずに。

もともと神様は、それぞれの人間に、百万人や一千万人の中でも一番になれるような能力を与えているそうです。

でも、97％ぐらいの人は、その能力を生かすことなく人生を終わってしまう。その人の人生ですから、とやかく言う資格はありませんが、できれば、その能力を発揮できる残り約3％の人になって、少しでも多くの世の中の人に感謝し、感謝される様なことをしたいと思うのは私だけでしょうか？

特に若い学生さんの中には、夢が持てない、夢はない、と言う人がいますが、恥ずかしがらず何でもいいですから、他人から、「ありがとう！」と言われることをしてみるのです。

そうすると、自然と夢ができてくるはずです！

ただし、一生懸命努力をしても「遠い目標」は近づいているのが分かりづらく、つい諦めてしまいがちです。

また、遠くばかり見ていたら、目の前の事がおろそかになったり、毎日が楽しくなくなったりします。だから、遊びも含めて日々の身近で実現可能な「近い目標」をつくることをしましょう。

できるだけ楽しいことがいいですね！　ただし、気を付けて欲しいのは、毎日安易なことや享楽のみに浸っていると、道を踏み外しそうになります。

でも、「遠い目標」（夢）を持っている人は、ふと顔を上げた時にその「遠い目標」が見えるので、それに向かって軌道修正ができるのです！

こういうことを、私は偉そうに言っていますが、家内が定年退職ラストフライトの前日に何て言ったかというと、

「結婚していて三十数年やってきたけれど、いつクビになるのか分からない。と思って毎日、冷や冷やしながら家で待っていたけれど、それもこれで終わるのね！」

恥ずかしながら、家内がそこまで心配していたとは思っていませんでした。

クレームについての確認や注意も、私たちは超シフト勤務で、すぐ別便で飛んで行ってしまうので、空港の会社事務所に出社しても注意する時間がありません。

従って、休日に直接自宅に上司から電話が掛かってくるわけです。その電話を、最初に受けるのが家内ですから「また、やったわね！」と、気が付いて心配をかけていたのです。

機長になったら機長になったで、私はユニークなやり方をしていたから、相変わらず家内は心配していたのだと思います。

でも、言っても止めないのを分かっているから、一切言わず、そぶりも見せず黙って、たった一人で三十数年も会社からの処分を心配して耐えていたのは、さぞかし辛いことだったたと思います。

身内を褒めるのをお許し頂ければ、その間ずっと私を見守ってくれていた家内に心から「すばらしい！　ありがとう！」

結果的にみれば、私が暴走しないように、暴走しないようにと……ほとんど（笑）言うことを聞かなかった「暴れ馬」を乗りこなしていたことになります。


一番厳しいことを言っていたのは、60歳以上で適用される、より厳しい航空身体検査に合格する前に、60歳の定年退職でラストフライト（その後身体検査に合格した為本当のラストフライトは5年後）をした時でした。

福岡から伊丹の最終便、約80名のファンクラブ会員を含めほぼ満席の機内は、すごく盛り上がっていましたが、ちびまる子みたいな状態で固まっていたのは、家内と息子と娘の３人でした。

「これで大丈夫かな？」ってな感じでね。

元ＣＡの家内から言われたのは、

「あなたのアナウンス認めない！　一人もクレームが出ないで、感動するようなアナウンスであれば認めてあげる！」

その時は、人と違ったことをすれば必ず批判やクレームがあるから、そんなことは不可能だと反発しました。

その後、定年延長の約5年間で会社からの処分も受けながらも、処女作の『世界一のココロの翼を目指した名物機長のホスピタリティ（おもてなし）』の中で詳細は述べていますが、家内に言いわたされていた通りの、「究極のアナウンス」が完成したのです。

私は、機長としてクルーたちにも恵まれていました。

私が機長として乗務させて頂いた約32年間のフライト期間中、機内で怪我人が一人も出なかったのは、一緒に乗ってくれた客室乗務員がお客様の保安をちゃんとやってくれていたということです。

そして、私自身も人一倍、他のどの機長よりも、乗務員やお客様が怪我をしないように、乗務員に対していろいろな指示や情報与え、極力揺れのないように飛びました。


私は、特に客室の安全にこだわったのと、組合運動で役員として発言していたので、客室乗務員の方にすごく細かいブリーフィングをしていたわけです。

彼女たちからすると、それを限られた時間でやられると、すごく嫌なわけです。

自分たちの準備をする時間がなくなるからです。

でも、私の話の内容はこんなことです。

それは、確率的にはめったにないことですが、過去にあった世界のエアラインでの事故で、乗務員がその対応を知らなかったために、お客様だけでなく乗務員自身も亡くなってしまった事例です。

架空の話ではなく実際にあったことですので、もし同じ状況になった時に、知っていたなら生き残れる可能性があるのです。

また、私は、自分の便だけ安全に飛べれば良いとは思っていなかったので、おせっかいかも知れませんが、客室乗務員が私の機以外の便で遭遇した時のことを考えて、その時の状況と最善の処置を細かく教えていたつもりです。

その結果、営業の案内時間や客室乗務員の機内準備に迷惑をかけることも重々承知の上で、出発前のブリーフィングが長くなりました。

万が一、私の便や同僚が乗務する便で、そういうことがあった時に後悔しないように、と思って話していたつもりでした。

会社で行われる一年に一回の定期訓練では、すべての事故例をカバーすることは時間的に不可能なので、筋書きが決まった事例をやらざるを得ないわけです。

それで、私は万が一の時のために、実際に起きた事故の話を時間の余裕のない乗務の前にせざるを得えなかったのです。

客室乗務員の皆さんには笑顔でお客様を迎えて貰わなければならないので、最後に冗談も交えながら、私は事故に遭わないと言われているからと言って自前のお菓子を配るようにしていました。


客室乗務員にしてみれば、そんな事故はめったにあるようなことではないと思い込んでいるわけです。そんな事態は、誰もが想像したくないことですから、そんな「もしも…話」は嫌なわけです。

要するに、どんなに良い事を話されても、時間を取られてしまうことで、客室の準備が遅くれ、お客様のクレームがでるのを心配してすごく反感を持ってしまう人と、よく教えてくれたと思ってくれる人とに分かれてしまうのです。

それで、いつもブリーフィングする時は、チーフパーサーに機内準備を優先して落ち着いてやって、ブリーフィングが終わったら、すぐ案内ができるようしてから始めましょう！　と言っていました。

案内係の営業さんには、お客様の人数と案内希望時間を確認してから、できるだけ希望時間に案内できるように努力はします。ただこれまでの経験から、お客様の搭乗人数を確認したうえで、定刻にドアが閉められるギリギリの時間迄はブリーイングをするので案内を待って貰うことがありますと、できる限り、このことを前もって営業さんに話をするようにしていました。

別の所でも述べましたが、それでも、反感を持つ人は、一回そういう思いを抱いてしまうので、私を見るとものすごく嫌な顔をしているわけです。

「あのキャプテンは話が長い」

その客室乗務員の顔を見た時、私も嫌な顔をしているのかなって思いました。相手が嫌な顔をしていると思った時は、自分も嫌な顔をしているって言います。

自分では、なかなか分からないんですけどね。

笑顔は伝染すると言いますが、嫌な顔も気を付けないと伝染していくのです。不愉快になっている時は、自分以外の相手か何かの責任にしたいので、そのことに気が付く人は稀です。なかなか気が付かないものです。

だから、相手の顔色が悪ければ、自分の顔色も悪いはずです、そんな時でもつとめて笑顔でいると相手もそのうち笑顔になってきます。

それは、「心と心は必ず応え合う」ということです。私自身は、これはとてもいい言葉だと思っています。

私は、「マイペース」で、「他人の目は気にしない」、ちょっと「変わった?」人間です。若い時もそうだったし、30歳、40歳、50歳の時もそうでした。だから、若い時に戻りたいと思ったことはありません。

その時その時が一番幸せ!

「精一杯、自分らしく生きる」、「今この時をいかに生きるか」

遊びも、仕事も１００パーセント、手を抜くと言うことを知りませんでした。

常に、「今が人生のベスト」だってね。そういう生き方で現役の65歳までずっとやってきて、その考え方は、基本的には現在も変わりません。

でも、白状しますと流石に退職してから4年以上経ち、天気の良い日に、飛行機雲が見えると現役の時を懐かしく思い出します。

体力的には以前のように思い通りにはなりませんが、この日、この時間を、今まで以上に大切にして、出版や講演活動を通して、私の想いをできるだけ多くの人にお伝えし、少しでもお役に立てるなら、最後の一歩まで歩み続けたいと強く思っています。

限界を超えて、未体験の世界に踏み込む勇気。

一生懸命にやったことに関しては、その真価が得られる。

「どんな迷路であっても必ず出口はある」

辛いことがあっても、そこから必ず抜け切れると前向きに信じていると、道は拓け、そこに必ず栄光と幸せが待っているのです。

▼「出る杭は打たれる!! …出過ぎた杭は打たれない??」

繰り返しになりますが、私は機長時代、他の機長と比べてブリーフィングの時間を長くとって客室乗務員と接していました。

当然ながら、私の性格からして事細かく指示をしていましたが（笑）。真摯に向き合って、「心を開く。すると相手も、心を開く」と信じています。コミュニケーションを通して信頼関係を築けるのです。

しかし現実には、そうならない人もいました。

とくに、私は機長として他の機長が通常やらないようなことをするから、私を誤解して、嫌っていた人もいたことも事実です。

それでも、機長として仕事を無事終えることができたのは、一緒に飛んでくれた乗務員はじめ、整備、営業、燃料、清掃、管制担当の人たち、夜間に滑走路を整備してくれていた人たち、さらにたくさんの「縁の下の力もち」の人たちのお陰であると感謝しています。

だから、これからでも、自分も「縁の下の力もち」になればいいと思っています。

もし、私が「名物機長」になっていなかったら、こうして本を出版することもなかったし、講演もすることもなかったし、たくさんの人たちとの出会いもなかったと思います。

まさに、「人生いろいろ」、人生の醍醐味です。

要するに、「人生は自己責任」だと思います。すべてを自己責任だと思っている人は弱音や愚痴を吐かない。弱音や愚痴をいっても意味がないとわかっているからでしょう。

「自分はこうする」という大前提があれば、何か上手くいかないことがあっても揺らぐことはありません。

その逆で、常に弱音や愚痴を言い、何でも人の責任にする、そういう生き方をしている人は絶対に幸運になれない、それは当然だと思いますね。


でも、そうはいっても、いろいろな人がいます。

弱音ばかり言っていると周りをも暗くしてしまいますが、愚痴を言ってスッとなる人もいるわけです。人それぞれだから、そういう人は、愚痴を聞いてもらえる人をつくって、「思いっきり大きな声で一回愚痴を言ってサッパリ忘れなさい」、ということを100歳翁の塩谷先生がおっしゃっています。

ところが、愚痴を聞いてもらえる人というのは、たいていの場合親切すぎる人が多いので、その愚痴を弱音だと思って、何とかしてあげようと要らぬ気遣いをしてしまうのです。

お互いにストレスが増えてしまいますので、聞いてもらう相手を見極めないと、かえって逆効果になります。

それは、夫婦間の役割、上司と部下の役割、それらに通じるものがありそうです。だから、夫や妻や上司が愚痴を言っていると判断できた時には、ふん、ふん、と親身に聞くだけで、アドバイスなしで対応する妻や夫や部下は、最高の「聞き役」となります。

人と違うことをやろうとすれば、必ず批判されるものです。私の場合も当然ながらそうだったんですけど、その時に、「何を言っているんだ、あんなやつの言うことはほっておけ」と「批判に背を向けたとたんに自分の進歩が止まります」

確かに批判を受けた時にはカチンときます。カチンときますが、頭を冷やして考えてみると一利あることもあります。

私は機長として、権限と責任がありましたから、その範囲の中で、「自分の思い通りの最善のこと」をやったつもりです。

安全を確保しながら、誰よりもできる限り快適に、定時を守るようにやったと自分では思っていますが、それでも批判はありました。

これは家内に言われたことですが、

「あなたは最高に幸せな人ね！」

なぜかと言うと、

「本当は間違っていることも一杯やっているのに、あなたは自分のやっていることは100パーセント正しいと思って、他人の迷惑を省みずやってしまう」

「そして、トラブルが起きた時、上司から注意をされたら、あなたを注意する方はもっと辛いはずと思えるから、あなたみたいな幸せな人はいないわよ！」

後でよく考えてみると、後輩の上司は私に声を掛けたり、電話してくる時は、タイミングとか言い方をどうするか、とても気にしていたのでした。

会社側の対応としては、私の機内アナウンスに対してのクレームだけでしたら、それこそ問題はなく簡単な話でした。私に注意、勧告をすればそれで済みました。ところが、好意的な反響が思いがけず多数あったのが、問題を複雑にしたわけです。一件のクレームでも、その人間を注意しなければいけない。それも、自分の先輩にあたる機長であり、2万時間以上も無事故で飛んでいる。運航に関しては一切問題を起こしていないこの先輩に、声の大きい多頻度ご搭乗のお客様からのクレームだけで、注意をしなくてはいけなかったのです。

もちろん、人によって何がベストなのかは違いますが、その人が今までの経験から、今の局面で何をなすのが最善かということを知っていて、手を抜かず、芯がブレず、100パーセント出し切ることをやれれば、最終的には、すべて切り抜けられるでしょう。でもこれは同時に、「完璧」を求めることであり、他からも求められることでもあります。

そのことを熟知しておくことが重要です。

私の場合は、常にベストを尽くせたということの結果として、2万飛行時間以上の全ての便を安全に運航ができたということです。

勿論私一人の力ではありません。白状しますが、小さなミスはやっています。でも、重大な事態になる前に気が付いて修正したり、一緒に乗務してくれた相棒のパイロットのアドバイスのお陰で助かったりしたのです。

航空機の安全という点で、事故を起こさず、一人もお客様に怪我人が出なかったこと、管制からの聞き取りミス等で自機のお客様や他機のお客様に迷惑を及ぼす運航はしなかった、搭乗クルーと一緒に勝ち取った「完璧!」さでした。

同乗する操縦士には負担を掛けましたが、事故やトラブルがなかったことからすれば、許容範囲の負担であったのではないでしょうか?

私流のフライトをして、負担を掛けても好意的であった操縦士と、そうでなかった操縦士とがいました。でも、批判的な操縦士であっても、当たり前かも知れませんが、最低限の安全は守ってくれたのです。感謝！


好きな言葉に「苦難は最大の女神」というのがあります。

まずは少しの勇気が必要です。私が機内でアナウンスをする時もそうでした。

そして、諦めないこと。諦めてしまったら、それですべては止まってしまう。

私に少しの勇気があったから、お客様のためになる、ということを信じていたから続けられたのでしょう。


「出る杭は打たれる」ことは身をもって体験しました。きっと職場の治安を乱し、目障りだと言うことで、会社組織というモンスターが、幾度となく私を打ってきました。

打たれても、打たれても、折れることなく続けられたのは、家族やファンクラブ会員、お褒めや励ましのメッセージを頂いたたくさんのお客様、そして理解をしてくれた後輩や客室乗務員がいてくれたからです。

そして、クレームを頂いたお客様を含めて、必ず全てのお客様のため、そして職場の仲間やＡＮＡ全体の従業員のためにきっとなると信じていたからでした。

確かに、知らない間に天狗になっていた面もあり、批判なりで「打ってくれた」ことによって私は変われたのです。

もしそれがなかったら、こんな「変人の名物機長」がいたんだ、ということで終わってしまい、何も残せなかったでしょう。

私の思い上がりかもしれませんが、「究極のアナウンス」や「ディズニーランドに勝つ航空会社」の提案が残せ、今も、「名物機長」として活動できるのは、最後までやり通したという充実感と支えてくれた多くのお客様と仲間と家族があるからでしょう！

尚、この原稿を書き進めている時、私が師事している町田宗鳳師が主催する「ありがとう断食セミナー」に参加した体験を話したところ、編集担当者から、ぜひ本書で紹介するべきだということになりました。この章で紹介させていただきます。
じつは、宗鳳師の著書である『異端力』のなかにあった一文が、
私、山形機長を見事に言い当てている文言があるということになりました。
この章の後半は、この一文を紹介することから始めたいと思います。

▼自分の中の異端力を高めよう、自分で診断できる「異端度」

ここで面白い考え方をご紹介したいのですが、それは「異端度」という考え方です。
異端度をもう少し正確に語るのなら、一から一〇までの指数があると考えます。一が最低で、一〇が最高です。

異端度一以下の人は、すべて与えられたマニュアル通りにやって、何の疑問も抱か

ない人たちです。退屈な人生をブツブツ言いながら生きることになります。

異端度二は、「あの人、少し変わってる」ぐらいで、どこにでもいる変人で、なんていうことはありませんが、本人は存外、変人であることを自負しているかもしれません。ただし、変人であることと、個性的であることは、また別な話です。

異端度三は、人前で多少、面白い意見を言えるぐらいです。表現力の乏しい日本人の中では貴重な存在ですが、意見を言うだけで、とくにユニークな行動をとるわけではありません。ひょっとしたら、単に目立ちたがりなのかもしれません。

異端度四となると、少し「骨のある人間」となってきます。家庭人としても会社員としても、容易には周囲と妥協せず、「わが道を行く」タイプの人間です。「長いものに巻かれろ」という常識が居座っている社会では、それなりにオリジナルな生き方をしています。

異端度五あたりから、周囲に波風が立ち始めます。自分の「非常識」を世界最大の良識と思いこんで、自分だけでなく、周りも巻き込もうとするからです。それほど影響力があるわけではありませんから、大きな力とはなりませんが、本人は世間の呪縛から解放されていく自分の生き方を楽しんでいます。

異端度六だと、一般常識からけっこう外れたことを主張し、しかもそれを行動に移したりするので、どんどんと風当たりが強くなり、称賛の言葉よりも、批判的な言葉が増えてきます。でも、本人は自分がやりたいことをやっているので、他人がいぶかしく思うほど、いつもイキイキしています。

異端度七になると、異端の本領を発揮して、その思想や行動は際立って独創的なものとなります。先見の明をもって、その仕事ぶりを評価できる人は少なく、むしろ無視されたり、非難されたりすることのほうが多いはずです。しかし、その正直な生き方に共感してくれる心強い仲間も出てきますから、決して孤独ではありません。

異端度八となると、独断専行が目立ち、社会的に孤立しはじめます。しかし、本人の創造性が大きく開花して、歴史に名を残すだけの仕事をやってのけるかもしれません。宮沢賢治も、異端度八ぐらいの文学者だったと思います。どれだけ彼が命を削るようにして、詩や童話を書いても、当時はほとんど誰も、その内容を理解できなかったのです。時代の常識を越え過ぎていたのです。

異端度九となると、その時代の社会体制から逸脱してしまい、社会的制裁を受けることになるかもしれません。昔なら島流しやら投獄という断罪を受けることになりますが、現代ならさしずめメディアのバッシングを受けることから始まるでしょう。それをもはねのけるだけの意志力と体力があれば、新しい世界のリーダーになり得ます。本書の中で触れることになった歴史的異端の大半が、このカテゴリーに属します。

異端度一〇となれば、あまりにも極端すぎて、精神病患者扱いされる危険性があります。ほとんどその奇行ぶりを理解する人がなく、完全に孤立した存在となるでしょう。その一方で、確信犯のように行動に迷いがないので、そのカリスマ性に魅かれて、ヒトラーやスターリンの場合のように、その人物を神格化し、崇拝する人間も出てきます。つまり、異端度一〇となれば、創造的な面よりも、破壊的な面が強くなり、反社会的な行動を取る危険性のほうが高くなります。やはり、過ぎたるは及ばざるがごとしということですから、異端度もほどほどにしておきましょう。

ここで述べた異端度の基準は、私個人のごく主観的なものであり、大いに議論の余地があります。しかし、一応の目安として、自分がどの程度の異端であるかを考えてみては、如何でしょうか。

▼プチ異端のすすめ

「一隅を照らす、これすなわち国宝なり」という最澄の言葉を引用しましたが、われわれ一人ひとりが、適度な異端力を行使していることによって、社会の一隅を照らすことになります。かといって、誰もが歴史を塗り替えるほどの痛快な異端になれるわけではありません。そこで、私がおススメしたいのは、家庭や職場において、異端度四、五程度のプチ異端であることです。「あの人は、一本スジが通っている」と思われる程度の異端なら誰でもなれるはずです。

以上が町田宗鳳師の『異端力』からの引用ですが、本書の編集担当者は、山形機長はまちがいなく「異端度六」、ないし「異端度七」の人間です、と断言するのですが、読者の皆さんは、それこそ、如何でしょうか（笑）。

▼ありがとう断食セミナー

本題に入る前に、私の尊敬している町田宗鳳先生の略歴をご紹介致します。

14歳で出家、34歳まで臨済宗大徳寺で修業され、なんと34歳で渡米、アルバイト等しながら悪戦苦闘してハーバード大学やペンシルバニア大学で学び博士号を取得。

そしてプリンストン大学教授になられ、国立シンガポール大学准教授、東京外国語大学教授等を歴任されて、現在は広島大学名誉教授で、ありがとう寺住職。

60歳に再度お寺にこもり厳しい修行を何カ月にもわたり、若い修行僧と一緒に行い、こんな厳しい修行せずとも、なんとか普通の人でも悟りが開けるようなやり方がないかと模索されてできあがったのが「ありがとう禅」でした。


それを日本国内はもとより、アメリカ、ヨーロッパ、台湾などで、外人や日系人に広めて居られます、ちょっと、いや大変変わった異端児のお坊さんです。

さて、町田先生の書籍等は英語版も含めると50冊以上あるのですが、私が先生を知るきっかけになったのが『日めくりカレンダー「風の便り」』でした。

私も『日めくり「空　高く」』を出していますが、先生のは、長さ約30センチ、幅約11センチ程もあり、かなり大きいものです。

さらに、中には言葉がぎっしり詰まっていて、最大550文字ぐらいが書かれています。日めくりにしては、読むのにたいそう時間がかかりますが、31日分人生ですごく大切なことが列記されています。

ちなみに5日に書かれている言葉は、「人の運は食にあり」。長いので一部を抜粋します。「（略）江戸時代の達人易者だった水野南北は（人の運は食にあり）と言って、人は小食粗食によって、誰でも運命が好転できると説きました。小食は肉体的にだけではなく、運勢学的にも理想的なのです。（食べる道楽）もあれば（食べない道楽）もあるのです。一日一食ぐらい抜いて、食べることの喜びを噛みしめてください。（略）」

前述の「ありがとう禅」の他に、通常は２泊３日で「ありがとう断食セミナー」も定期的に行われています。

私も、今年４月に「御殿場のありがとう寺」で行われた、このセミナーに参加して来ましたので、実地体験の概要をこれからお話させて頂きます。

４月27日（木）セミナー開始前日に、断食まえの宴会があるので、参加。町田先生を囲んで８名ほどで前述の〈食べる道楽〉を実践しました。（笑）

「ありがとう寺」は〈時之栖リゾート〉の中にありますので、宴会終了後、そこにあるホテルに宿泊しました。

４月28日（金）。朝食は屋上の富士山が見えるレストランでバイキングでした。前もって参加者には昼食は抜くように言われていましたので、お水だけ飲みました。

15時40分ごろ、三島駅や御殿場駅からのシャトルバスで参加者の多くが到着。16時にありがとう寺に集合。先生とスタッフも一緒に40名が参加。

この春、落成したばかりの、富士山が正面に望める、「ありがとう寺禅堂」内でヨガ用の薄いマットを全員敷いて座り（好きな座り方でＯＫ）、膝の痛い人は、低いイスに座っても構いません。


最初に、先生のご挨拶と2日間のカリキュラム説明がありました。

その後全員の簡単な自己紹介が終わり、早速カリキュラムに沿って、「ありがとう禅」をはじめました。具体的には、
1. ありがとう念仏（2）感謝念仏（3）涅槃禅、を実施、それぞれ約45分かかりますので、途中休憩をはさんで夜の8時頃終了しました。
休憩時間には、用意された「熱い柿茶」や「ミネラルウオーター」に岩塩を少し入れて飲んでいました。

その後、ミネラルウオーター頂いて、坂を下って5分程のリゾート内のホテルに宿泊、もちろん、水以外は絶食です。

４月29日（土）朝７時ありがとう寺に集合。休憩をはさみながら、

1.　ありがとう念仏（２）感謝念仏（３）涅槃禅、を実施後、室外に出て「ありがとうウオーキング」、広場でお互いの肩に両手をのせて、一緒にありがとうと言いながら元気良く歩きます。ヨガの先生も毎回参加されているようです。

その後、お寺に戻り、室内で簡単なヨガを指導して頂きました。

その後が面白いのですが、セミナーに参加申込時「芸」をしたい人は列記します。そのなかから、時間配分を決めて、歌や踊り、マジックやショウ等を披露します。私も、講演や年３回のファンクラブの集いで披露している「伝説のアナウンス」で富士山を望む御殿場バージョンを皆さんに聞いて頂きました！

その後、写経をして、ガラス越しに富士山が見える護摩堂に全員入り、町田先生による護摩法要が不動明王の前で厳かに行われました。

午後７時頃には終了して、各自自由行動、リゾート内の噴水ショーの見学や、温泉に浸りました。ただし、長湯はしないようにと言われていました。

丸一日絶食で、柿茶とミネラルウオーターしか飲んでいませんでしたが、私はそれほど辛くはありませんでした。カリキュラムのイベントを皆で一緒にやりますので、時間の経つのも早かったです。夜10時頃就寝。

4月30日（日）朝8時頃にホテル2階の宴会場で、朝食「感謝の食事」です。

1. 先ず、どんぶりに大きな梅干2個以上入れ、お湯をたっぷりと注ぎ、梅干を箸でほぐす。梅干から食べて、ゆっくり飲み干す。これを2回します。

2. 三杯目からふろふき大根も梅干しと一緒に2個ずつ入れ、、大根の煮汁でも梅湯を飲む。梅湯は合計5杯以上を飲み、梅干は合計10個以上食べる。

3. その後、味噌をつけながら、ふろふき大根（数個）を食べる。（私は、この時点で、トイレに駆け込みました。下痢をした時のような、水っぽい宿便です。トイレから出て手を洗っていると又、もよおして合計15回程行きました。）

4. もよおさない人と宿便が一段落した人は、味噌をつけながら生野菜のキャベツから食べて他の野菜を食べる。

5. すぐもよおさない人も、30分ほどで、便意をもよおしてくるので、トイレに向かいます。トイレに行っておさまったら、オレンジジュースは1杯のんで、空のグラスを前に置いたのが、トイレに行った目印となります。
6. さらに野菜を食べ、トイレに数回通います。落ち着いたら、ヨーグルト、果物、チーズも適宜食べますが、リバウンド防止用なので、多すぎる人は残します。
7. 必ず宿便排泄が終了した後にのみ、パンとミルクティを最後に頂きます。

この後、最高のお天気の中、時之栖の「茶目湯殿内の天空の湯」で真正面に富士が聳え立つのを眺めながら温泉に浸って感無量でした。

13時に「ありがとう寺禅堂」で閉会式、各自の感想を述べて、再会を誓って15時発のシャトルバスで三島駅へ。

本来は一週間ぐらいかけて断食するので、帰ってからの食事の制限は指導書に沿って自己管理となります。

体験の感想は、「素晴らしい！」の一言です。カリキュラムがすごく良くて、時間の経過がほとんど気にならない。

前日昼からの5食絶食でも、力が抜けるとか辛いとかがほとんどありませんでした。宿便もお腹が痛くなることなく、回数は多かったですが、速やかに終わって、身体が大変軽くなりました。

私は身長172センチで体重60キロ位、それでも体重が2キロ位減りましたが、自然に回復しました。タニタのヘルスメーターで内臓脂肪が2ポイント減っていたのが嬉しかったです。

生まれて初めての断食で、ちょっと不安もありましたが、本当に行って良かったと思いました！

最後に本文にある、「ありがとう禅」のやり方の概要を解説いたします。

▼ありがとう禅

（1）「ありがとう念仏」座った状態で、木魚に合わせて「ありがとう」を繰り返し唱えます。短い言葉を反復すると、ごく自然に意識の状態が変わり、とても爽快な気分になります。

単純に手足を動かすランニングでも、一定時間継続するとランナーズ・ハイになるのと、同じ原理です。「声の力」のおかげで、瞑想をしたことのない人でも、禅で言う「無心無我」の境地に比較的簡単に入っていくことができます。

（2）「感謝念仏」この瞑想の中心柱で、「あ～・り～・が～・と～・う～・」と一音ずつ区切って、合唱しながら、お腹からゆっくりと発声します。そうすると、男女混成合唱団のように美しいコーラスになり、自然に倍音が発生します。

その時、自分がお世話になった人々を思い浮かべながら、感謝の想いをしみじみと伝えます。相手が生きている、亡くなっているは関係ありません。

まったく忘れていた何十年も前にお世話になった人が思い出されてきて、涙がこぼれてくることもあります。感謝の対象は人間だけでなく、自分が大切にしているモノやペットでも大丈夫です。

（3）「涅槃禅」は、願い事を現実化するための瞑想法です。仰向けに寝て、手足を伸ばします。ヨガの「屍のポーズ」と同じです。
そして、ゆっくりと「ありがとう」を唱えながら、自分の夢が100パーセント叶った場面をなるべく具体的に想像してもらいます。これは、自分の無意識にある最も根元的な願望にフォーカスを合わせる作業です。

それさえできれば、無意識の元型的イメージが現実に投影されるので、願望の現実化が早まります。

第5章

塩谷信男先生の訓え

▼「夢 実現」は想いの強さで決まる

皆さんは、多くの夢をお持ちだと思います。では、「夢を実現できる生き方」とはどういうことだと思われますか。

私は、ANA全日空の機長人生を65歳まで全うし、その間には、本の出版や講演を行ってきました。その著書や講演の中で私は、「夢を実現するために人生の中でどうするべきか」をテーマにしてきました。

そんな私が尊敬していた先達に、塩谷信男先生という東大出のお医者さんだった方がおられました。ゴルフは60歳を過ぎてから、シングルプレーヤーになったという方です。

私は先生が数え年で100歳の時に、一緒にゴルフをラウンドさせていただいたことがあります。塩谷信男先生については、その著書『**自在力**』の中からほんの一部ですが、ご紹介いたします。

90を過ぎてますます元気なわたしの生活

「91歳を迎えてようやく、おのれの人生が花開き、諸事が自在になってきた」

そういうと、多くの人は何をいまさらと噴き出すかもしれません。あるいは、それはまたずいぶん遅咲きなと同情を寄せてくれるかもしれない。けれどもそれが、96歳の、ほぼ一世紀を生きてきた老人の偽りない実感です。

わたしはいまを去ることすでに70年近く前、あることが原因で在籍していた大学の医局を追い出され、東京・渋谷の地に内科医院を開業しました。満州事変が勃発した年、日本がいま以上の不況に苦しんでいた昭和6年のことです。

以来、50年以上を市井の町医者、実地医家として務め、少なくない人たちの病気を治し、その健康をサポートすることに尽力してきましたが、84歳のときに、その医院を閉じ、いまの熱海のマンションに妻ともども引き移ってきました。

相模湾が一望できる風光抜群の、静かで落ち着いたケア付きのマンションで、終の

すみかとしては申し分ありません。（中略）

　東京をはじめ各地に出向いて、２時間ばかりのスピーチを原稿なしで行う。腹の底から大きな声も出るし、立ったままの姿勢も苦になりません。その合間をぬって本を執筆し、読書もする。

　60歳の体力と健康度をいまだにキープしている自信があります。いや、わたしは60歳を境にそれ以前よりもむしろ若返ったと自覚することさえあります。

　一般には60歳を過ぎて、人の健康度や体力は目に見えて下降するが、私の場合、逆にはっきりと上昇線を描いています。

　それをわたしがいちばん実感でき、また、若返りのバロメーターとしてだれの目にも明らかなのがゴルフなのです。わたしのゴルフ歴は60年以上に及び、こんなに長くつきあっているのは、家族以外には、私自身が編み出した健康法とゴルフしかありません。（中略）――終了――

さて、この塩谷先生のお言葉にありますが、「生きる」ことで大切なものが三つあるということです。

まず一つ目は、全ての物事を「前向きに考える」ことです。

すべての出来事はあなたが生きている上で起きているのだから、原因、因果関係を辿ると、かならず自分にも責任がある。

少なくとも何らかの関係があるわけです。嫌な出来事でも「それは、自分の足らないところを教えてくれているのだ」と捉えることができれば、起こったことすべてを前向きに考えることができます。

ここで、塩谷先生の訓えをもとに、具体的な例をあげてみました。

私が機長を務める便で、出発時に客室乗務員がお客様からひどく怒られていたという出来事がありました。

最初のきっかけは、客室乗務員が、お客様の非常口座席の足元に置いてある荷物をどけてもらおうと思って注意したことだったようです。

その客室乗務員が、

「規定上、そこへお荷物を置くことが禁止されていますので…」

と説明をすると、そのお客様は、自分の行為の事実関係では「勝てない」と思ったのか、

「その言い方はなんだ、その態度はなんだ」と、別の理由を持ち出して客室乗務員へのクレームをガンガンやりだしたのです。

周囲の乗客が、あきれ顔で、「何、あの人…?」という目で見ているものですから、余計にそのお客様も引っ込みがつかなくなったのかもしれません。

さてお客様が全員降りてから、その怒られた客室乗務員はどう思ったでしょうか。

「あんな変な客につかまって、ああ、酷い目にあった、今日は厄日だな!」

と思う人もいるでしょうし、

「なんであそこまで、怒らせてしまったのだろう?」

と考える人もいます。さて、あなたはどちらでしょうか。

「ひょっとして、私の最初の荷物の扱い方がまずかったのかな。早くどけようとして、お客様の許可なく荷物に触ってしまったのが、お客様の逆鱗に触れてしまったのか。今後は注意しよう」

そのように考えることのできる人は、すばらしいと思います。

さらに、９割がたはお客が悪いと思っていても、

「あのお客様は、周りのお客様から白い目で見られて大恥をかきながら、自分にも１割は悪いところがあったことを私に教えてくれた」

そう思って、感謝できる人は最高です!

これは、なかなかできることではありませんが、これが「前向きに考える」ということなのかな、と思います。

二つ目のお話です。

「愚痴をこぼすな」ということです。再々述べていますが、私は愚痴をこぼすことがほとんどありません。なぜならば、自分のやりたいことを自由奔放にやってきたからです。

どんな些細なことも自分が関わっていれば、自己責任だから愚痴をこぼすより解決策を探すのが大切と思って生きてきました。でも、今から考えれば周りにいた人（特に家内）はさぞ大変だったことでしょう（ゴメンなさい！）。

でも、塩谷先生の著書の中にこんな一節があります。

「どうしても愚痴をこぼしたい人は、聞いてもらえる人を、人生で必ず一人は作っておきなさい。そしてその人にだけ思いっきり大きな声で一回だけ言いなさい、そして言ったら、全て忘れなさい」

その愚痴を聞いてもらう相手は、相槌を打って、ただ聞いてくれるだけの人がいいそうです。愚痴の内容を聞いて、あれこれ言う人ではなくて、ただ聞くだけの人です。

たとえば、前述の件ですが、相手が９割以上悪いと思っていると、普通の人は中々自分の否を認められません。つい愚痴が出てしまうのが人情でしょう。そのことを親しい同僚に、つい言ってしまうことがあります。そんな時、「許可なくお客さんの荷物に触ったあなたも悪いのよ」などと言われると返って不満がつのります。それとは逆に、「そうなの、〇〇さん、それは大変だったね、あなたは悪くないわ！」と言って貰えれば気分は少し楽になるでしょう。そのような人を作って大切にしたいですね。

自由奔放にさせて頂いた私は、その結果は全て自己責任だと思っていますので、滅多に愚痴をこぼしませんが、万が一、家内にこぼそうものなら、私の後始末をいつもしている家内からは、倍以上の苦情になって返ってきます。

逆に、家内はストレスが溜り、時々愚痴を私にこぼすことがあります。

私のほうは、最初の頃は何とかしてやろうと思い、「ああーだ、こーだ」とつい言ってしまい、かえって家内のストレスを増やしてしまいました。

塩谷先生の訓えを学んだあとは、家内の愚痴が終るのを最後まで待って、「ごめんね！　大変だったね！　その通りだよ！」

と言えるようになりました。

そして、三つ目は「感謝の気持ちを忘れるな！」ということです。

この気持ちを、具体的に表現する最善の方法は、素直に、

「ありがとうございます！」と言えることです。

すべての人を幸せにする「二つの法則」があります。それは、

「ありがとう！」と言う言葉と「心からの笑顔」です。

でも、笑顔がなくて、何でもかんでも「ありがとう」と口グセのように言う人もいますが、これは心がこもっていないと思われるので、気を付けましょう！

塩谷先生は、「この三つことを、日頃から実践しなさい」とおっしゃっていました。

先生からは、夢を実現させる具体的な方法も教わりました。

――何か夢を実現したいと思ったら、その想いが強ければ強いほど、その夢は実現しやすくなります。　夢を実現させるには、過去完了で既にその物事が成就したことを、常に思い浮かべながら努力すると叶うのだそうです。――

ゴルフでいうと、パットが「入れ」と願うだけではダメなんです。これは、「入らないんじゃないか」という不安の裏返しだからです。

パットは、「入った!」、打つ前から「入った!」と確信することです。

これを「想念」と呼びます。

そして想うだけではなく、「心の目」で「入った!」と念じながら、ボールがコロコロ、ストーンとカップに吸い込まれるのを「心の目」で観るのです。

この事を「内観」と言います。

たとえば、演奏者は、コンサートが始まる前に、「最高の演奏ができた」「みんなが盛大な拍手をしてくれた」「観客のみんなが感動した、口々に褒めてくれた」

そういう情景を「心の目」でありありと観ます。そうすると、四次元で実現していることを、あとは三次元に持ってくればいいだけなので、夢が現実化しやすくなります。

昔から「信じるものは救われる」と言います。皆さん自身の潜在能力を100パーセント出し切ることができれば、その出来事は実際に起こるのではないでしょうか。

さらに、塩谷先生からは「決して諦めない」という気持ちの大切さと、いくつになっても、常に「向上心を持つ」ことの大切さを教わりました

94歳で三度目のエイジシュートを達成（『自在力』より）

ゴルフに興味がない人でも、「エイジシュート」という言葉は聞いたことはおありでしょう。自分の年齢かそれ以下のスコアで一ラウンドを回るという、きわめてむずかしいプレーなのですが、わたしはこれをいままでに三度達成しています。（中略）

世界でもオンリーワンの体力と健康度。このことを某テレビ局がとりあげて、300年に及ぶゴルフの長い歴史に、大きな足跡を残した偉大なゴルファーがふたりいると放映したことがあります。ひとりはアメリカのボビー・ジョーンズ、もうひとりがわたしだというのです。

ボビー・ジョーンズは球聖とも称され、まさに偉大という形容がふさわしい、終生アマチュアを通したゴルファーで、あのマスターズをつくった男でした。（中略）

世に90歳以上の寿命を保っている人は、いまやそうめずらしくもないでしょう。でも、元気でクラブを振り回し、芝の上を闊歩できる人間がそのうち何人いるか。その体力をわたしは90歳を超えてなお保持している。このことは世界でも、オンリーワンに近いトップクラスのことだと誇っていいかもしれません。

単に長生きいしているだけでなく、「元気で長生きしている」——その健康度と体力はわがことながら執筆すべきことかもしれません。エイジシュートを達成したこと自体よりも、それを達成できる体力を96歳でまだ保持している、このことがわたしにはうれしく、また誇らしかったのです。（中略）——終了——

▼80歳からできることがある

私がゴルフをご一緒させて頂いた時、先生は何と100歳で、一緒にまわられたもう一人の方は80歳でした。先生はその方を「80歳の若者」とおっしゃったのです。

100歳と80歳だと、その差は20歳。確かに若者です。私はその時は50代、家内は40代でしたから、さしずめ、鼻垂れ小僧、鼻垂れ娘でした。

そして100歳の先生は、80歳の若者に、こう言われたのです。

「夢を持っていますか？　まだまだできることがありますよ！」

私はそんな先生の言葉を聞いて、浮世絵師の葛飾北斎を思い出しました。

葛飾北斎は、こんな言葉を残しています。

『己 六才より物の形状を写の癖ありて 半百の此より数々画図を顕すといえども 七十年前画く所は実に取るに足るものなし。七十三才にして稍禽獣虫魚の骨格草木の出生を悟し得たり故に八十六才にしては益々進み、九十才にして猶其奥意を極め 一百歳にして正に神妙ならんか。百有十歳にしては一点一格にして生るがごとくならん願わくは長寿の君子 予言の妄ならざるを見たまふべし』

「私は６歳より物の形状を写し取る癖があり、50歳の頃から数々の図画を表した。とは言え、70歳までに描いたものは本当に取るに足らぬものばかりである。（そのような私であるが）73歳になってさまざまな生き物や草木の生まれと造りをいくらかは知ることができた。ゆえに、86歳になればますます腕は上達し、90歳ともなると奥義を極め、１００歳に至っては正に神妙の域に達するであろうか。（そして）１００歳を超えて描く一点は一つの命を得たかのように生きたものとなろう。長寿の神には、このような私の言葉が世迷い言などではないことをご覧いただきたく願いたいものだ」
(「ウィキペディア」より)

残念ながら、北斎は88歳で亡くなっているのですが、この言葉には執念のような気迫を感じます。すさまじいほどの向上心です。

現状で我慢せず、もっとできるはずだ、まだまだもっと上がある、そういう向上心や夢を常に忘れなかったからこそ、塩谷先生も100歳でゴルフができるようになったのでしょう。

人間はもともと、最低でも100歳までは健康長寿をまっとうできる可能性と能力をそれぞれの身体のなかにもっている。わたしは実際の裏打ちとともに、そう確信しています。それが可能なようにあらかじめつくられている存在なのです。

その意味でわたしたちは健康に「なる」のではなく、もともと所有している——しかし潜在化してなかなか発揮できないでいる——健康力に目覚め、本来の能力を「取り戻す」べきだといえます。能力をあらたに備えるというよりは、あらかじめ内在している可能性に気づき、それを顕在化させてやる努力が必要なのです。

ただしそのためにはひとつだけ条件がある。あるいは、そのひとつのことだけを行えば内在している健康力を目覚めさせ、心身ともにわたしたちは健やかになれる。それだけでなく、人生における万事を願いどおりにこなし、自在に生きることさえ可能になります。

そのたったひとつの条件とは「正心調息法」という呼吸法を実行することなのです。

（中略）――終了――

塩谷先生は、91歳の頃から立ったまま喋り、1時間半の講演会をされていたそうです。ある時、この講演を聞いていた方が、質疑応答の際に、60歳をすぎてシングル・プレイヤーになった先生に、ゴルフについての質問をしたそうです。

「先生、私はパターで悩んでいるのですが、どうしたらいいですか?」

その質問に対して、先生はこうお答えになったそうです。

「君はプロのプレーヤーじゃないんだろう。パター以外に人生の悩み事はないのかね？　そんなことはたいしたことじゃない！」

私は、この講演会での逸話や先生の教えをうかがいながら、先生と一緒にラウンドをする機会に恵まれました。

すると、私は直接、先生のオーラを頂いたようで、その日のグリーン上でのパットは、なんと、「全18ホールワンパット」でピタリと入ったのです。

15メートルくらいのも入ったので、これには、誰よりも私自身がビックリしました。スコアを普通１００前後叩く私が、前半42で回って、後半は一回だけＯＢを出しましたけれど、47で回って、なんとその時までの最高のスコアでトータル89でした。

初めて行ったゴルフ場で、こんなスコアが出るなんて通常では考えられません。人間は自分の想い、考え方がちょっと変わるだけで、ここまでできるのだと正直思いました。

当日は、塩谷先生がお住まいだった熱海のライフケアマンションにタクシーでお迎えに行ったのですが、その時は雨が強く降っておりましたので、先生に、
「今日は雨ですね？」と言うと即座に、
「雨は上がる！」とおっしゃいました。

熱海駅からJRの電車で三島駅まで、先生は毎週通われていたようで、回数券をお持ちでした。三島駅からクラブバスに乗って三島スプリングスゴルフ場（現在三島カントリークラブ）へ、雨は予告?通り上がっておりました。

前半のプレーが終り食事をしている時に、又雨が降ってきましたが、後半も濡れることもなく、全てワンパットの絶好調を維持しながらラウンドしました。

すると、雪の冠を被った富士山が雲の合間から顔を覗かせ、その後、真っ赤な太陽がスーっと降りてきて、伊豆半島の西側、駿河湾の海面がキラキラと輝いておりました。

もう最高のゴルフでした。私の人生で、これ以上のゴルフはないと思いました。
そして、先生が生み出された、誰でも１００歳迄元気にゴルフができる、究極の健康法「正心調息法」の効力を信じるには十分すぎました！

「正心調息法」では、日ごろの過ごし方として前述した通り、次の３つの「正心」を実践することになります。

１、物事を全て前向きに考える
２、愚痴をこぼさない
３、感謝の心を忘れない

▼腹式呼吸について

腹式呼吸法は、下記のような方法でやります。
姿勢は、
背筋を真っ直ぐにして座る。ひじを直角に曲げて両手を組む（鈴の印）
呼吸の仕方は、前述のコンサートでの奏者の願いをかなえる時を例にすると、

1.　吸息（きゅうそく）　通常よりも多目に吸い込む

「鼻から静かに息を吸い込む、下腹部（丹田）に空気を吸い込むつもりでやる。」このとき同時に「想念」と「内観」をする。

（宇宙から無限の力が丹田に収められた、そして全身に満ち渡ったと念じる）「想念」

（宇宙から降り注いでいるエネルギーを心の目で観る）「内観」

2．充息（じゅうそく）　5秒から10秒息を止める

「吸い込んだ息を止めて、丹田に力を入れ肛門を閉める」

この時、同時に願い事が成就した「想念」と「内観」をする。

（演奏が完璧にできて、みんなが盛大な拍手をしてくれたと念じる）「想念」

（全員立ち上がって拍手をしている映像をイメージする）「内観」

3．吐息（とそく）

「鼻から息を静かに吐き出し、丹田の力と肛門を緩める」

このとき同時に「想念」と「内観」をする。

（体内の老廃物がことごとく吐き出された。全身がきれいになった。芯から若返ったと念じる）「想念」

（体内がすごくきれいになって健康な姿をイメージする）「内観」

4．小息（しょうそく）　普通の呼吸をして整える。

この1～4を一回行うのを1サイクルとして、できれば一日25回繰り返す。

この呼吸法のやり方も補足します。

正しい姿勢（寝たままの方はその姿勢でＯＫ）で「鈴の印」、おにぎりを握る時の手の合わせ方と一緒で、手の中に、大きな鈴が入っているイメージです。

呼吸は鼻から吸って、鼻から吐き出します。できるだけ深く肺の底まで酸素を吸い込むつもりでやります。一呼吸を静かに、できるだけ深く、長く行うように努めます。

マイペースで苦しくならないうちに、次の動作へ。

時刻・場所等を問わず、いつでも数回のこま切れでもやっても良い。

他人の願い事もやれます。その人に黙って、その人の病気が治ったとイメージして呼吸法をやれば、自分が酸素をたくさん身体に取り入れて、健康になります。

普通は、身内などの病気があると、心配して自分も暗い気持ちになり、結果落ち込みますが、この「正心調息法」は、その人に恩をきせることもなく、その人の不幸を治そうと念じて、呼吸することにより自分が健康になるのです。

25回ありますが、一つの願い事に対して5回の呼吸サイクルですので、5つもの違った願い事ができるのです。お金は一銭もかからず、持ち運びする物もなく、酸素さえあれば、いつ、どこでもできるので、私は「究極の健康法」だと思っています。

あとは、信じてやるか、やらないかだけです！

Ｇｏｏｄ Ｌｕｃｋ‼

第6章

リッツ・カールトンの訓え

▼ある航空事故の要因

コストと時間を勘案しながら、如何にお客様に最高のおもてなしができるか？

ある航空会社の飛行機事故で、コストと時間の問題がクローズアップされ、事故の原因が、十分に燃料を積まなかったということで注目されました。

これは、航空会社による経済性を優先した安全管理に問題がありました。

その点、私が勤務したＡＮＡ全日空の場合は、機長に権限が認められており、天候など不安要因があれば燃料を通常より多く積むということが普通でした。

ある航空会社ではそれが許されない時代があり、それが事故につながっていった可能性があります。つまり、機長の権限で燃料を余計に積んだら、重量オーバーになり、その分搭乗頂くお客様の数が減ったり、貨物が積めなかったりします。

だから、目的地空港や代替空港の天気が悪くても多めに積めない。そうすると、何が何でも目的地に着陸しなければならないと機長や副操縦士は思って乗務せざるを得なかったのです。

そういう時代があったわけです。それが、後述の事故の要因になった可能性があります。

これは、一つの例ですけれど、クアラルンプールで起きたある航空事故ですが、その時に出された調査報告書を読んで気が付きました。

どのような報告かというと、少し専門的になりますが、事故前30分の操縦席の音声を録音したボイスレコーダーと航跡や高度を記録したフライトレコーダーが分析されました。その結果、「操縦席から着陸滑走路が見えていないのに、機長が決められた規定以下の高度に降下し、右席の副操縦士が何もアドバイスをしていないのは、通常では考えられない」という報告書が出されました。

規定の進入高度より下がったのは、滑走路がよく見えていたのでそうしたのだろうか、しかし、事故を起こしたということは、安全が保障されていないところで降りていたということになります。

前述したように、十分に燃料を積んでなければ、着陸しなければならない状況なので、そんな侵入になってしまった可能性もある、ということになります。

本来は規定を逸脱していてはいけないのですが、その時は規定より高度を下げて飛んでいました。通常であれば、副操縦士が「高度が下がっています」とアドバイスをし、機長は元の高度に速やかに戻さないといけないわけですが、その時の副操縦士はアドバイスもしてないというか、できなかった。

その当時は、あの会社ではできない状態が普通になっていたのです。なぜできなかったかというと、労務政策の一環として、経営者は機長全員を管理職として、機長の決定は絶対でした。

もし副操縦士がそれに従わないと悪い勤務評定をされて、将来機長になるのに支障となったからです。

つまり副操縦士は、機長に真正面から意見を言えない状態になっていたということです。

これは、不祥事を起こしたホテルやレストランなどでも見られますね。問題は、コストがかかる分に対して、お客様の安全性を二の次にしてでも営利を優先しようとする企業体質だからです。

▼2000ドルまで自由に使える会社

これと正反対の「ホスピタリティ」という点でいえば、リッツ・カールトンはすばらしいの一言です。このホテルの詳細はたくさんの著書で紹介されているので今さらという感があると思いますが、あらためて紹介させて頂きます。

「2000ドル（日本円で約22万円）まで…」

これ何のことかお分かりでしょうか。この金額は、従業員本人の権限でお客様のためになるのであれば、自由に使えるお金です。

それも、直接その場にいるお客様だけでなく、将来のお客様になって頂けるためであればいい、ということになっています。すごいですよね、考え方としてすごすぎます。

日本の企業ではなかなかそこまではできませんね。

さらに、職場離脱さえも認めているといいます。お客様のためになる行為と本人が判断すれば、その場をはなれることも認められています。

この話も本で紹介されていますが、ロサンゼルス郊外のマリナデルレイのリッツ・カールトンでの出来事です。

宿泊していた常連のカップルのお客様が、バーで「マイタイ」を注文されました。

「マイタイ」はハワイ生まれのトロピカルカクテルです。

じつはお二人はハワイへハネムーンに行き、ザ・リッツ・カールトン・カパルアに宿泊するつもりでした。ところが新郎にがんが見つかり、投薬治療のためハネムーンをキャンセルされました。

注文されたマイタイは、ハワイの気分を少しでも味わいたいという二人のささやかな慰めだったのです。

バーテンダーがお客様との会話でそのことを伝えられると、居ても立ってもいられなくなりました。彼はタイミングをみて、そっとカウンターを離れ、何本かの電話をかけました。そして戻ってくると、「あと30分ほど私におつき合い願えませんか？」と、二人にお願いしました。

30分後、お客様はアロハを着たフロントのスタッフに声をかけられました。

「特別なカパルアルームにご案内しますので、こちらへどうぞ」

二人は訳がわからない様子のままスタッフのあとについていき、あるスイートに案内されました。

そこで目にしたのは、ランの花が敷き詰められ、水槽の中で美しい熱帯魚が泳ぐ、ハワイの風景でした。魚網がかけられたベッドには貝殻が散りばめられ、バスルームはエスニックなランプでほのかに照らされています。

「見て、ビーチがあるわ！」

新婦が指差した方向には業務用の巨大なアイスボックスがあり、中は一面に砂が敷き詰められて、バケツとスコップが添えてありました。

「ありがとう。でも驚いたよ。私たちがハワイへハネムーンに行くつもりだったことは、ついさっきバーのボブに話したばかりだったのに」

カップルの目には涙があふれていました。そして、カリフォルニアでの〝ハワイアンハネムーン〟を存分に楽しまれたそうです。

リッツ・カールトンに泊まると、なぜか次々に驚くようなことが起きるのです。そうした体験をつくり出すことを「リッツ・カールトン・ミスティーク（神秘性）」と呼んでいます。

職場の仲間から、わずか30分ぐらいでハワイアンスタイルに変えてほしいと依頼されて、また、そういうことをパッとやってしまうスタッフの熱意です。

それをスタッフの判断でただでやってしまう。

「感動はお客様への最高のおもてなしのひとつ」

この言葉は、リッツ・カールトンの精神ですので、この話の他にも、お手本になる実例が数えきれないくらいあります。

▼95パーセントの称賛と5パーセントのダメ出し

このような会社であれば、私も同じことを裁量の範囲で、絶対にやっているでしょうね。

そこまで従業員に許されて、それがお客様に喜んでもらえるようであればね。

ただ、自分一人ではできないでしょう。あのリッツ・カールトン社員の連携は、一人ひとりの〝おもてなし〟の精神が会社の経営理念と一体となっているからできることなんです。


これは、私がいた航空会社でもそうだと思います。

自分一人ではできません。常にアンテナを張らないといけないし、自分の部下がその意識を持っていないといけない。だから日ごろから、経営者と従業員、従業員同士のコミュニケーションがすごく大切だと思います。

もう、リッツ・カールトンに関しては、そういう話が当然のことのようになっていますが、たとえば、私のいた会社でも、「そんなことは普通はやらないだろう」っていうのが常識なのかもしれません。

日本で同じことをやろうとすると、かなり大変だろうと思います。たとえば、もしあるホテルでこのような事が許されていたとしても、他の同じ系列のホテルに行ったお客様が、何でここのホテルではあのサービスはないんだ、ということになりかねません。

そうすると、逆に、お前のところだけ何でやるんだということにもなりかねない。その結果、そのサービス自体がクレームの元凶となり、中止することになると思います。

どの世界でも同じですが、報道や出版でも、少し偏ったり、変わった内容に対しては、必ず数パーセントの方がクレームを直接その会社などへ言ってきます。会社側ではできる限り丁寧に対応はしますが、クレームを受け入れると出版や報道ができなくなるので、結果的には無視します。

私の場合も、ユーチューブでは、アナウンスに対して約95パーセントの称賛にたいして、約5パーセントのダメ出しがありました。

実際の乗務時にもお褒めを頂くことがたくさんありましたが、一部のお客様からはクレームを頂きました。ただし、私はそのお客様を少数だから無視したつもりはありません。そのクレームのお客様のためにもなると信じて続けました。

なぜかと言いますと、ANAでは、毎年70人ぐらいのお客様が体調不良となられて出発ゲートに戻ったり、途中の空港に緊急着陸していました。

そのため私は、出発前のアナウンスで安心してもらうようにしたのです。結果的に約32年の機長として乗務した便では、そう言う事態は一度も起こりませんでした。

それと、離陸前、ドアクローズして直ぐに、アナウンスでコミュニケーションを取っておけば、万が一緊急事態になった時も、私の指示に従って貰えるのではないかと考えました。

パニックになるお客様を安心させることで、二次災害を防ぐことができます。そのクレームを出したお客様に対しても、その生命を守ることができる、と確信していました。

勿論、プチ・エンターテイメントとしてやりたかったこともあったのですが（笑）

ホテルの件に話を戻しますが、他の担当者や系列ホテルでは通常やれないことをその担当者だけがやる時は、自分を含めて他の従業員の業務負担が増えることと、必ず批判が出ることを覚悟してやらなければ続きません。

そのためには、職場でのコミュニケーションが取れていることとお客様のためになると言う大義名分が必要です。人によって得て不得手がありますので、各々がそれを認め合い自分の得意な分野で、お客様に喜んで頂けるようなことができれば、やがて組織としても受け入れて貰えるようになるでしょう！

もちろん、安全を守り、通常のサービスをした上で、プラスアルファができるかに尽きます。ただし、そうすると負担が増える、それがしんどいので決められたことだけやっていれば良いと言う人もいます。

また、負担がかかってもやり甲斐を感じて、お客様に喜んで頂けるのは嬉しいと感じる人もいるのです。

人を批判するのではなく、その人に極力負担をかけないようにして、仕事を楽しみながらしていれば、自然と真似をする人が増えて、それぞれ自分の得意な分野でプラスアルファのことができるようになるのが理想です。

ホテルという組織の中でも、支配人が新人コンシェルジュに対して、「これとこれ任せるからやって」と言って決められた仕事だけを無難にやらされるより、その新人にとっては、たとえ負担になっても自主性に任せられたほうが格段に嬉しいと思います。

支配人自身も、最初はヒヤヒヤ見守ることになるでしょうが、経験を積ませることで将来の自分の負担を減らし、別のプラスアルファを行える余裕がつくれます。

確かに、今の仕事が好きかどうかが大きく影響しますが、本来の仕事以外に別の仕事を任されたら、それだけでも嬉しいと思います。

私が、エンジンが両翼と胴体後ろに3基あるロッキード・トライスター機の副操縦士として乗務していた時のことです。

伊丹空港を離陸して、羽田空港へ向うために左旋回を始めた時に、突然大きな爆発音が起きました。同時に、自動操縦装置が解除になりバランスを崩して、右に大きく傾きながら、機首が下がり地面に向かって突っ込み始めました。

右側のエンジン計器は推力を失っているのを表示していました。ほんの数秒のことですが、スローモーション映像のように今でも脳裏に焼き付いています。

このままでは間違いなく墜落すると思った時、左席の機長が手動操縦で体勢を立て直し、No3エンジンフェイラーチェックリストをコールアウトし、所定の処置をして、管制塔と会社業務担当者に右エンジンの故障で緊急に伊丹空港へ引き返すことを連絡しました。

すると、機長が「ユウハブ・コントロール」と言って、副操縦士の私に操縦を任せたのです。

大変親しくして頂いている機長でしたが、このような異常事態では機長が着陸まで操縦すると思っていたので、ちょっとビックリしました。

私を信用して任せてくれたのが大変嬉しかったです。ところで、機長は何をしたかというと、機内のお客様を安心させるためにアナウンスをしたのです。

その後、操縦を再度交代して無事伊丹空港に戻りましたが、この時の経験は機長になってからの私にはすごく貴重なものとなり、アナウンスにこだわるきっかけとなりました。


前述のように、クレームのお客様のためにもなると信じてやってきましたが、2001年のテロ以来、上空ではトイレ以外は極力操縦席から出ないようにとの指示が出されて、クレームがあった時に直接お客様とお話することができなくなりました。

クレームがあると、会社側は、組織としてそのお客様にすみやかに謝罪してしまいますので、そのお客様が再度搭乗され、私のアナウンスに出会うと大激怒となります。その都度、私は上司から注意を受けていました。

私としては、アナウンスをやめるつもりはなかったので、反省し少し改善しながら続けていたのですが、65歳前に退職するまでの最後の2年と3ヵ月は、「単独の機長では乗務させない」との処分を受けました。

そして、常に管理職機長と一緒に監視を受けながら乗務するようになって、自分の至らなさも反省しながら、やる意思さえあれば、誰もができる「究極のアナウンスを完成」させて退職しました。

処分がなければ、自己本位の満足で終わっていたと思いますが、処分されたお陰で、後輩にもできるアナウンスを残せたと信じておりますので！　感謝！　感謝！　感謝！

▼手作りの世界に一つしかないプレゼント

本篇の話を、おもてなしに戻します。

私は国際線に乗務している時に、休憩時間にご挨拶に伺っていたファーストクラスのお客様に、あるものをプレゼントしていました。

できるだけコストをかけず、ただし、かなり手間と時間をかけていました。（出発前日、休日ですが、翌日午前の出発便は成田空港のホテルに前泊できましたので、朝から成田空港へ行って翌日の乗務とプレゼントの準備をしていました）

じつはパイロットがフライト毎に持って乗る「航路図」がありました。一便に一枚です。

だから、大袈裟ですが、その日の飛行航路図は世界に一枚しかないものになります。当然ですが、当日のフライトに使用する地図はお客様にはお渡しできません。そこで私は、本来は処分してしまう過去の同じ便名のものを集めて整理して、その中から破れたり、コーヒーのしみがついているものや、パイロットの書き込みが汚いものなどは除いて、綺麗な封筒にお客様のお名前と搭乗便名、日付、そして私のサインを記入してご挨拶時に、簡単に説明してお渡ししました。

その地図というのは、ジェフソンという航空路線地図の会社が出している、ＡＮＡ仕様のプロッティングチャートと言うものです。

たとえば、成田からニューヨークに飛ぶ場合、今日はどのルートで飛ぶかは機長がショウアップするまでにほぼ決まっているので、地上の運航管理を担当するディスパッチャーという人が緊急着陸用の選定空港と判断基準点が分かるように書いて渡された地図です。

それを行き先の違う一便一便毎に、パイロットが出発前にブリーフィングデスクへ行くと用意してくれていたわけです。

ところが、持ってフライトするんですが、緊急事態が起こることはほとんどないので99％使われません。そのフライトが終わるとみんな廃棄してしまいます。

この地図は機密性のあるものではないので、それをファーストクラスのお客様にプレゼントしていたのです。

でも、それを準備するのに5時間くらいかかっていました。前日、営業本部の接遇担当者に会って顧客名簿とお客様の情報を調べていましたので、搭乗予定の全てのお客様の名前も入れた封筒（これも廃物利用で綺麗なものがありました）もちゃんと準備していました。

それ以外にも、当日になって突然搭乗されるお客様もおられますから、予備のセットも作っていました。

それもだんだんに凝ってきました。たとえば、今日のフライトで使用するものはお渡しできないので、以前のものを用意するのですが、もし誕生日が分かっているお客様でしたら、その方の誕生日に、飛んだ日の地図にお名前を入れてプレゼントしました。

個人情報ですから誕生日だとは言いません。でも、お渡しする時に、さらっとコメントをしてお渡しします。

「去年の古い航路図ですが、何月何日に成田からニューヨークまで飛んだものです」

ここで、お客様が自分の誕生日と同じだとおっしゃると、

「それは偶然ですね、お客様、ラッキーですね！」

「365分の1の確率ですよ！」とそしらぬ顔をしてお渡しするわけです。

ただ、リスクも当然あります。これらの行為は、国際線の機長交代時の休憩中にやっていましたから、安全上は問題はなかったんですけど、お客様からのクレームになる可能性はありました。

ファーストクラスというところは、お客様にとっては、邪魔されずゆったりと休みたいという空間ですから、チーフパーサーはピリピリしていているわけです。

「クレームにつながる挨拶はNGです、ファーストクラスは私の領分、機長と言えども勝手（？）にファーストクラスに入れない」

と考えるチーフパーサーもいました。

ANAの場合、CAは一部の外国人採用（欧米では男女差別が厳しいので男女ほぼ同じ数）と総合職の少数男性（期限を決めて体験乗務）を除いて、全員が女性です。

なぜ、そんなチーフパーサーがいるかといえば、ともかくクレームを出されたくない。規定通りにやっていれば、万が一クレームが出ても、「私は規定どおりやっていました」と自分の責任の回避ができます。

要するに、お客様に楽しんで頂く、どうしたら喜んでもらえるか、という以前に、自分の責任になるかならないかというのが重要で、私の行為を快く思わなかった、というのが、そのチーフパーサーではないかと思います。

リスクを犯してまで、さらにオリジナリティを出して、お客様に喜んでもらおうと考える人は少ないですよね。すぐリスク計算をして、「そんなことをしても一文にもならない」という考えになります。

ほとんどの人は、ともかく「何事もないように」終わろうと考えるわけです。

だから、私が休憩時間にファーストクラスへ挨拶に行くのを、お客様と仲良くなって何かしらメリットを得ようとしているのでは、などと批判をする人もいました。

もちろん、私にそんな下心があれば別ですが、ほとんどの人にとっては、余計なことはするな、ともかく何事もないように終わろうと考えるわけです。

　では、何がベストなのかと言えば、最低限でもマニュアル通りをやっておくことに尽きます。それで、万が一クレームになっても、自分の責任ではなく、会社の責任ですから。

▼余計なことをやらないでください

　お客様からクレームがあると、内容にもよりますが、通常の場合は、「申し訳ありませんでした」

とその場で謝ればそれで終わりと思うでしょうが、お客様のクレームはそれでは文字通りすみません。

　お客様からクレームがあったとなると、どうするかというと、チーフパーサーが成田に戻った時点でこと細かく書いて、報告書を出すことになります。

　現在の運用規定は分かりませんが、私が現役の時はとにかく報告書を書くこと。

ところが報告書を書く時間は勤務時間なのですが、超過勤務としても申告できない雰囲気なんです。

本当は超過勤務として申告しなければならないと思いますが、地上職も含め、誰も申請していませんでした。いわゆるサービス残業、タダ働きになります。

長時間のフライトで疲れて帰ってくるわけです。でもクレームとおぼしきものでもあれば、報告書にまとめて上げなければ帰れないシステムでした。

だから、チーフパーサーからみれば、何事もなく終了し、早く帰りたいというのが人情だと思います。

だから、私と乗務を一緒にする時、チーフパーサーの中には、キャプテン、「余計なことをやらないでください」と言う人もいるわけです。

でも、そんなクルーでは、感動サービスというか、本当に心から喜んでもらうという、おもてなしはできないですよね。

私のファーストクラスへの挨拶ではクレームが出たことはなかったのですが、ク

レームが出た時に、私がそのチーフパーサーにむかって、

「今日は長時間の乗務で疲れているから、必要な事柄だけメモして、今は帰って時間ができた時にまとめて出せばいいよ」

と言える権限があればいいのですが、地上に降りてしまうと、残念ながら私の部署ではないので言えません。

そのうえ、地上職で時差もなく勤務しているスーパーバイザーにとっては、自分の責任になるもんだから、「今日はいいです」とは絶対に言えません。14〜16時間以上も搭乗勤務をしてきたとしても、「クレームの報告書はすぐ出せ」ってことで乗務直後に済ませようとします。

昔は、手書きの報告書なので、疲れていて書き間違えたりすると、書き直しとなり大変時間がかかりました。今は、報告はインターネットで出せるので、少しは楽になったと思いますが、やはり乗務直後に出さなければなりません。

特に、クレームは遅くなったら対応が後手に回るので、その事態は避ける、という

ことが最重要事項ですので、万が一お客様からの問い合わせがあった時に、報告書が出ていないと担当者が答えられない。クレームの報告はとにかく早く出せっていうことになっていました。

客室内のクレーム報告は、ＣＡの彼女たちにとってもサービス残業になってしまうので、とにかく決められた以外の余計なことはしたくない、という気持ちが本音でしょう。

「サウスウエスト航空」とは真逆の方針ですから、「明らかに理不尽なクレーム」であっても、報告は残ってでもやらないといけないということになります。

政府も働き方改革に取り組んでいるようですが、残念ながら、自殺者まで出した某広告会社じゃないけど、そういう社会の風潮はなかなか変わらないようです。

第7章

あるフライトからの訓え

▼クレーム連発の本当のワケ？

ここからは私が実際のフライトでの出来事です。

それは、パリからウィーン経由で成田行きの便の機長をやっていた時のことでした。例によって、「本日も世界一安全なＡＮＡにご搭乗頂き、誠にありがとう…」のアナウンスをやり、最初はパリからウィーンまでのフライトでしたが、その時は何もなかったんです。

ところが、ウィーンで着陸して、またお客様を乗せてから、「本日も世界一安全な…」と、ウイーンバージョンのアナウンスをしました。

それから、約10時間ほど経って、降下を始める前にまた、いつものアナウンス（ここでは「世界一安全な」のフレイズは入れてない）を入れたところ、チーフパーサーから私のアナウンスでの「（世界一安全）とは何事だ、雫石で墜落しているではないか」とクレームが出ています、という報告が入ったわけです。

彼女から渡された直筆のクレームメモは、殴り書きでよく読めない。

そこで私は、そのお客様にご意見を伺いに行こうかと思ったのですが、彼女は、

「行っても、もう無駄だと思います。機長が行くのは止めたほうがいいですよ」

と言われてしまいました。

結局のところ、私はそのお客様の所に行けなかったのです。


ＡＮＡの長距離国際線の場合は、機長二人と副操縦士一人のパイロット三人体制でやっているので順番に休憩をしていて、出発後の早い時間のクレームであれば、休憩時間にお伺いしてお話するのは可能だったんです。

しかし、クレームが伝えられた時は着陸態勢の寸前で、もう、私は休憩が終っていましたので操縦席を長時間離れるわけにはいかなかったのです。

正直なところ、その便での私のアナウンスは、パリでもウィーンでもやっているわけですから、そのお客様が不快に思ったなら、直ぐその時にチーフパーサーにそのク

レームメモを渡せたと思います。

なぜそのタイミングになったかは分かりませんが、こちらが忙しくなり対応できなくなる着陸態勢前に出したのかも知れません。

さて、そのお客様のことですが、あとで詳細を調べてみますと、連れの女性がいました。その女性は格安航空券のエコノミー席でした。

そのお客様本人はビジネスでした。それで、パリからウィーンに出発する時にチェックインカウンターで、連れの女性をビジネスにアップグレードしようとしていたのです。当然のことですが、受付でこの航空券ではビジネスにアップグレードはできませんと営業スタッフに断られていたのです。

その事実を確認ができました。

アップグレードを断られたので、パリからウィーンまでは、昼間の飛行で短い時間ですので、男性はビジネス席で、その女性はエコノミー席でした。

そして、ウィーンから成田までは飛行時間が長く、機内も夜になるわけです。そこでこの男女はどうしたかといったら、連れの女性をビジネス席に座らせて、自分はエコノミー席に。

ただし、このエコノミー席もビジネスクラスのすぐ後ろで、お客様自体が少なかったので、空いていた席に座っていたみたいです。でもまあ、一人くらいだったらバランスも問題ないので飛行には支障はなく出発できるんですけど。

ただ、男性はどうしていたかというと、手荷物を足元においていたんです。

これは想像ですけど、ベルトサインが消え、食事が終わって、機内が暗くなったら、その女性がいるビジネス席の隣の空席に移ろうとしていた可能性が高いわけです。

実際機内が暗くなってしまったら、移動しても分かりませんね。トイレに行っているると思ってしまうかもしれない。

だから、どこに誰が座っているかなんて分かりません。

寝ているお客様を起こしてまで、「お客様のお席は？」なんて言えません。

ところがです。この便では、オーストリア航空と共同運航していたので、オーストリアの客室乗務員の二人が乗ってきました。とても背の高い大柄なＣＡでした。真っ赤なオーストリア航空の制服を着て乗っていたんです。

その男性のお客様は、そのオーストリア航空のＣＡに最初に言われたんです。

「こんなところに荷物をおいてはいけません。上の収納庫に入れなさい」

となったのです。ところが、この男性は入れる振りをして、そのまま、足元に置いたままだったんです。

想像ですが、なぜそこに置いていたのかといえば、ビジネス席に行こうと思っていたので、足元にあればもってすぐに移動できるから。

そのうち、あの同じ客室乗務員がまた来て、「あなた、さっき言ったでしょ。何で入れないの」となったわけです。

彼としては、目をつけられてしまった、ここに俺がいるというのが分かってしまった。そう思ったのではないでしょうか？

だから、もう移れなくなってしまったんです。


さあ、それからが大変です。まさにクレームの連発です。やれ、客室乗務員のサービスが悪い、おしぼりが汚れている、このシミはなんだってな具合です。

おしぼり一つとっても、このシミは持って帰って調べてみるって息巻くわけです。本当は自分で汚したのかと思われても仕方がないようなことで、ともかく、もう、ずっとクレームの連発だったそうです。


ついに、最後には私、キャプテンのアナウンスへのクレームとなりました。

家内に言わせれば、

「他の人が言わない事を言っているから、そんなクレーマーに捕まるのよ！」ってなことになるわけです。

八つ当たりというか、ともかく、そういうお客様はやることなすこと八つ当たりしてくるわけです。いわゆる、腹いせですね。

チーフパーサーもそれがわかっていたので、

「キャプテン、申し訳ないですね。こういうクレームが出てしまって」

と言って、私が会いに行くのを止めたのです。

こういう場合でも、会社に報告をしなければいけないので、すみませんが報告書を出してもいいでしょうか、としっかり私に聞いてきてくれたのです。

私にとっては、「すごく相性のいいチーフパーサー」だったんです。

じつは、こういう場合に、機長である私に聞かないチーフパーサーがいて、知らない間に報告書を出してしまうこともありました。

そう言う時は、後日突然、乗員部長に呼び出されるか、休日に自宅へ電話がかかって、注意を受けることになりました。

▼まるで「下克上」のクレーム報告

チーフパーサーの行動としては、会社側にとっては正しいのか？

会社の組織上は当時、チーフパーサーは営業本部の所属。私たちパイロットは運航本部所属でした。だから部署が違うので機長には報告しないでいい、というチーフパーサーがいるわけです。

私だけでなく、他の機長や副操縦士も含めて、知らない間にクレームを出されて、知らない間に書類がたまっていて、ついには部長から呼び出されて怒られるわけです。

誰が、いつ、どんな報告書を担当部署に上げたかはわからないという、すごく陰険な報告がまかり通っていました。

私が以前お話をしたように、安全第一のフライトに関しては、機長という指揮官がいるわけですから、チーフパーサーをはじめCAたちは、普通の組織の上司と部下以上の厳密な関係にあるものだと考えるわけです。

軍隊で言うと指揮命令権になります。軍隊組織で言えば、伍長クラスの下士官が、その時指揮を執っている分隊長や軍曹には知らせないで、いきなり上官の将校に分隊長や軍曹の悪口を報告するようなものなんです。

そんな規律のない下剋上のような組織だったら戦えない、そうでしょう。本来なら現場の指揮を取っている者に従わなければ、一致団結して切り抜けられません。

確かに、職権乱用はあるかもしれないけれど、とりあえずその場のアクシデントは協力して切り抜けなければいけないわけですから。

対外的な問題を処理した後で、

「あの時はこうだったのではないですか」「それは違いますよ」

と双方でできる限り話し合って、それでも納得できなければ、両論併記して報告書として上げるべきだと思います。

そのやりとりもなく、部下である人間がいきなり報告書を書いて機長に係わることを報告してしまう。これでは、まるでルールも何もない「下剋上」ですよね。

他社はどうしているのか知りませんが、ＡＮＡでは、パイロットとＣＡはそういうシステムになっていましたから、当事者が知らない間に、一方的な報告が上の部署に行ってしまう事態が多々ありました。


そうすると、機長がやったことが一方的に判断されるわけです。

理由も聞いてないし、何も報告するなとは言ってないけれど、せめて、お客様はこういうことでした、機長はどういうつもりでこうしたのか、ということを併記して報告するのが普通だろう、と私は感じたわけです。

報告書の内容は、お客様の一方的な話を、その客室乗務員が受けた感覚だけでコメントして出してしまう、ほとんどこういうやり方が行われていたんです。

さて話を、パリ、ウィーン、成田便にもどします。

その時のチーフパーサーは、機長の私に報告書を出さざるを得ないと、声を掛けてくれたのです。

それで、私は報告書を提出する前に内容を確認させて貰えないかと言うと、

「本来は当事者であっても、他部署の人にお見せできません。内緒で提出前にご自宅へＦＡＸさせて頂きますので、事実と異なることがありましたら教えて下さい」

との快諾をえました。

私は、成田の事務所で2時間くらい待ってから、成田から伊丹空港までの便にお客として乗る予定でした。その待ち時間に、報告書を確認できると思ったので、そう言ったのですが、間に合いそうにないので、自宅に帰りました。

成田での勤務終了後から5時間以上経っていたと思います。

夕食を食べている時に、自宅に電話がかかってきました。

「あの報告書ができましたので……」となったのです。彼女は、まだ成田の事務所に

いたの！　って正直驚きました。

手書きの報告書をまとめるのにこんなに時間がかかっていたのです。いろいろとお客様のことを調べたりして、素性とかも調べたんでしょうね、きっと。私もうかつでした。

チーフパーサーがそれだけ時間がかかったのは、あとでスーパーバイザーが、「ここのお客様がどうなっていたの？」とか、いろいろと聞くことが予想されるので、彼女としては結局、それも調べざるを得なかったのでしょうね。

本当にご苦労さまでした。

今では、さらにその傾向がさらに強くなっているように思います。

しかし、飛行中に機長が相棒の操縦士やチーフパーサーとの信頼関係がぎくしゃくしてしまっていたら、安全運航上危ういのは事実です。

そこは、上に立つ人間として部下をいかにうまく導くか、要は部下の長所をしっかり見出すことでしょうか。

もし、ホテルやレストランの支配人だったら、お客様が何を望むかをしっかり把握しながら、部下にも留意し、全体の組織力を上げていかなくてはいけない立場になるでしょう。

ただ、私の場合はちょっと事情が違うのは、一緒に仕事をするメンバーがフライト毎に変わるということです。これがすごく大きいわけです。

ホテルの支配人だったら、部下とは毎日顔を合わせるので、人柄も分かってきて、親しみもわき、自然にツーカーになっていくと思います。

部下にしても、この支配人が何を考えているのか分かってくるから、彼が言う前にバッとやってくれるでしょうけど、私の場合はそうはいかないわけです。

それも、山形という機長は、他のキャプテンがやっていないことをオーダーするから大変です（笑）。初対面のクルーは、悪い噂だけが先行して、耳を塞いでいることが多いので、短い時間でちょっとでも信頼を得て、コミュニケーションを取りたいために、機長になってから約30年程これを実行しました。

当日乗務を一緒するクルーの乗務パターンを前もって調べて（2泊3日の国内線だと1日最高4便乗務で、途中でクルーが交替する事もある）、全員分のお菓子を宿泊カバン等に入れて、乗務前のブリーフィング（打合せ）時に渡していました。

私は、お菓子代にポケットマネーをうん百万円？　遣いました。家内に言わせれば「そんなものぐらいで、騙されないわよ！」

と言いながらも、味や見た目にうるさいCAも気に入りそうな、一つ一つ包装されたお菓子を見付けてくれて、協力してくれました！　ありがとう！

▼それでも日本一の航空会社を目指したい

ここで白状をしてしまいますが、短い打合せ時間しかない中で、私は、最善と思っている自分流でやりたいものだから、その相手や部下の考えを十分読み取れず、やってしまったことは事実です。

結果として、その方々に迷惑を掛けてしまったのは申し訳ないと思っています。

お菓子をプレゼントしようとしたら、あるチーフパーサーに拒否されたことが1回だけありました。最初会った時に、明らかに嫌やな表情で私を見ていたのです。

以前一緒に乗務した時に、私は気付いていませんでしたが、よっぽど嫌な思いをさせてしまったのでしょう。

相手が、自分に対して高圧的な態度だと思った時の、自分の顔つきもきっと悪くなっているんだろうと思い、極力笑顔で接したのですが、

「そんなものぐらいで、恩を着せられたくない」と言う顔つきでした。

それでも、結果としては、そのチーフパーサーを含めて、大きなミスもしないで、乗務員を含め一人の怪我人もなく、無事42年間の乗務を終えることができました。

少数のクレームや不満のお客様もあったことは事実で、そのことは謙虚に受けとめますが、一方で、その方たちも含めて、「定時運航」と「保安」を何とか最低限守れるレベルにはあったかな、という自負もあります。

また思いがけず、複数のファンクラブまでできて、追っかけでご搭乗頂いたり、お

客様から数えきれないくらいたくさんのお褒めのメッセージカードを頂けました。

感謝！　感謝！　感謝！　です。

もしもですが、私が格安航空機の会社のオーナーであったら、この本でも紹介している、サウスウエスト航空の社長ハーブ・ケレハーを見習いながら、日本人になじむようなやり方を模索して、搭乗頂いたお客様が、

「日本一楽しかった！」と喜んで、乗務員に手を振って降りて行って頂けるような、日本一の航空会社を目指すと思います。

では、そのために、これまで機長として自分が行っていたことを、社員であるパイロットに積極的にやらせるだろうか？

私がもしそうだったら、やはりそうすると思います。

ただし、トップダウンで強制的にやらせるのではなく、それをすることで、お客様に安心して頂くことができ、「お客様理由」の引き返しが少なくなり、それがパニック・コントロールにもなって、万が一の時にも、二次災害を最小限にできることにな

り、自分の身に直接かかわってくることを伝えて、お客様に手を振って感謝される喜びを教えるとしても、あくまでも各人の自発性に任せれば良いのです。

ただ、私のような考えの人間が、二人、三人と出てきても、私とは全く同じようにはできないわけだから、その人なりのオリジナリティを出して、得意なやり方でやって貰えばいいいと思います。

機長アナウンスの場合は、その内容については、その人のオリジナリティを出しながら（関西弁やその空港の地域の片言でも方言の挨拶など）バリエーションを増やせばいいいし、それについてはヒントを教えてあげればいい。

できれば、そういうようなことも相談に応じられる部署エンターテイメント科（笑）もありですね。


あと、当然ですが、一緒に乗る人とのコミュニケーションが一番大切です。

特に安全に飛ぶために一番大切なのはコックピット（操縦席）内でのコミュニケーションです。

飛行訓練では、スタンダリゼーション（標準操作手順）を重視します。なぜなら、全くはじめての機長と副操縦士がいきなり一緒にチームを組んで、安全に飛行するためには最低限必要な手順です。

ただし、何度か一緒に乗務してお互いの意思の疎通が取れて余裕ができた時に、スタンダリゼーション（標準操作手順）から、少しはずれたことでもお互いに安全が確認できれば、操縦士どちらか一人が操縦業務に専念し、もう一人の操縦士がメリハリを付けながら、大多数のお客様を喜ばせるようなアナウンスをできるようになれば、最幸ですね！

もちろん地上のスタッフも自発的に満面の笑顔で手を振ってお出迎え、お見送りをします。

これが、日本一素晴らしい理想の航空会社です！

あとがき

読者の皆さま、本書を最後までお読み頂きありがとうございます。

人生100歳時代、否、それ以上の年齢まで健康な人生を送ることも夢ではありません。本書でもご紹介しました塩谷信男先生もそのお一人でした。

私は、厳しい航空身体検査を44年間受けてきましたが、全てに合格して無事退職しました。同期の機長の中には、何回か身体検査に不合格となり、地上での待機を余儀なくされた人もたくさんいました。

私たちの勤務は毎日の生活リズムが変わりました。早朝4時に起きるかと思えば深夜23時頃、その他に徹夜乗務、長距離国際線下での長時間の機内乾燥と宇宙放射線の被爆（ひばく）、そして、現地での昼間の活動、すなわち日本時間での徹夜の連続、といった具合でした。

長時間にわたる緊張の連続の中で、健康を保つための食事が一番難しかったのではないでしょうか？　国内線の時は、一日およそ3便前後で弁当を2食位は頂いていました。時間がない時は、上空で操縦の担当を交代しながら、5～10分ほどで食べたりもしていました。

食べる時間帯もめちゃくちゃだし、油で揚げた冷えた弁当など、約1万食は食べたのではないでしょうか。ほとんどの場合、自分の好きなものが食べたくても、支給された弁当を食べることしかできませんでした。

確かに、会社から無料で支給して頂いているのですが、本来は、自分がその時に食べたいものを食べるのが身体に一番良いような気がします。

とすると、毎回冷えた弁当だと、ほとんどの人は嫌々食べることになります。私は100歳翁の塩谷先生の訓え通り、たとえ毎回冷えた同じ弁当でも、どうせ食べるなら、心から「美味しい！」と「前向きに思って」「愚痴をこぼさず」食べたのが健康に良かったのではないかと思います。

そして、若い時にはできませんでしたが、年とともに「ありがとう！」と心から言えるようになりました。日々の行動の中でも、たとえば、トイレ使用後はできる限り掃除もして、紙も整えてから出るようになりました。

人の幸せは、自分が棺桶に足を突っ込んだ時に、「どれだけ多くの人に感謝したか、感謝されたか」で決まるのです！

残念ながら、全ての読者の皆さまに実際にお会いすることは叶いませんが、これからも読者の皆さまをはじめとしまして、公私にわたり関わった人たちに感謝の気持ちを持ち続けて、皆さまと共に元気に１００歳を超える日を目指して行きたいと思っております！

最後になりましたが、本書を出版するにあたり、ごま書房新社 池田雅行社長とDONNE&COMPの田中勇介氏にお世話になりました。心から感謝申し上げます。
「ありがとう！」合掌。

山形和行

《参考文献》

本書執筆にあたり以下の書籍より内容の一部を活用させていただきました。
著者同様に、読者の皆様にもご愛読頂ければ幸いです。

＊『破天荒！　サウスウエスト航空 ― 驚愕の経営』
　ケビン・フライバーグ　ジャッキー・フライバーグ著　小幡照雄訳（日経ＢＰ社）

＊『異端力 ― 規格外の人物が時代をひらく』
　町田宗鳳　著（祥伝社新書）

＊『人の運は「小食」にあり ― 「プチ断食」がカラダとココロに効く理由』
　町田宗鳳　著（講談社＋α新書）

＊『自在力 ― 呼吸とイメージの力で人生が思いのままになる』
　塩谷信男　著（サンマーク出版）

＊『リッツ・カールトンが大切にするサービスを越える瞬間』
　高野　登　著（かんき出版）

<著者プロフィール>

山形 和行（やまがた かずゆき）

1948年東大阪市生まれ
心で観る詩的なアナウンスで乗客を魅了し続け、総飛行時間21,323時間（地球約373周）無事故の元ANA名物機長。
世界でも珍しい、複数のファンクラブのある元機長。2002年から休日にボランティア等で全国の小学、中学、高校その他団体等「夢 実現」講演を現役機長で208回実施。
いつも笑顔で目指そう! 完璧! 感動! 感謝! を合言葉に講演活動を現在迄合計316回実施。
2008年5月　ベストファーザー賞を関西で受賞
2013年4月　ラストフライト後、ANA全日空を退職
6月　旅サロン　ユウ（株）エグゼ　顧問就任
6月　一般社団法人　日本生活文化推進協議会委員就任。
6月　【夢 実現】未来工房 代表に就任して、全国の小中学校、ロータリークラブや各種団体で、退職後現在迄108回の講演を実施。
2014年　テレビ朝日〝おはよう朝日〟にゲスト出演。
その後も、ABCラジオ、関西ラジオ、FM宝塚等にゲスト出演。
年3回（忘年会、新年会、七夕会）のファンクラブ会も継続して関西で開催中。

・山形機長ファンクラブホームページ
　http://www.geocities.jp/yamagatakicho/

「名物機長」の"夢 実現"フライト人生

著　者　山形 和行
発行者　池田 雅行
発行所　株式会社 ごま書房新社
〒101-0031
東京都千代田区東神田 1-5-5
マルキビル 7F
TEL 03-3865-8641（代）
FAX 03-3865-8643
取材協力　田中 勇介（DONNE&COMP）
カバーデザイン　（株）オセロ 大谷 治之
DTP　ビーイング 田中 敏子
印刷・製本　倉敷印刷株式会社

ISBN978-4-341-08688-6 C0030